Mobile 4

Heimat- und Sachunterricht
Baden-Württemberg

Herausgeber
Richard Meier

Autoren
Josef Ott, Munderkingen
Rita Stanzel, Heidelberg
Frieder Stöckle, Schorndorf

unter Mitarbeit von
Wolfgang Burg
Edith Burghardt
Waltraud Credé
Bernd Krawutschke
Hans Rech
Henning Unglaube
Jürgen Walkstein
Winfried Walter

Das findet ihr in diesem Buch

Baden-Württemberg
Seite 4 – 41

Arbeit
Seite 42 – 51

Aus der Geschichte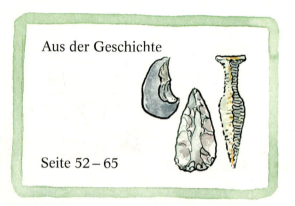
Seite 52 – 65

Feuer
Seite 66 – 71

Elektrischer Strom
Seite 72 – 77

Pflanzen
Seite 78 – 89

Tiere
Seite 90 – 97

Mädchen und Jungen verändern sich
Seite 98 – 105

Europa und die Welt

Seite 106 – 113

Einkaufen

Seite 114 – 117

Gefahren für
die Gesundheit

Seite 118 – 121

Zeitung

Seite 122 – 129

Abschied von der
Grundschule

Seite 130 – 133

Verkehr
und Umwelt

Seite 134 – 145

Inhaltsverzeichnis

Seite 146 – 147

Baden-Württemberg hat viele Gesichter

1

2

3

4

1 Schwäbische Alb mit Burg Hohenzollern
2 Insel Mainau im Bodensee
3 Schlossbeleuchtung in Heidelberg
4 Omnibusbau in Ulm
5 Gutacher Tracht
6 Freiburg mit Münster
7 Museumsdorf Wackershofen
8 Cannstatter Volksfest

Ein Land mit sieben Regionen

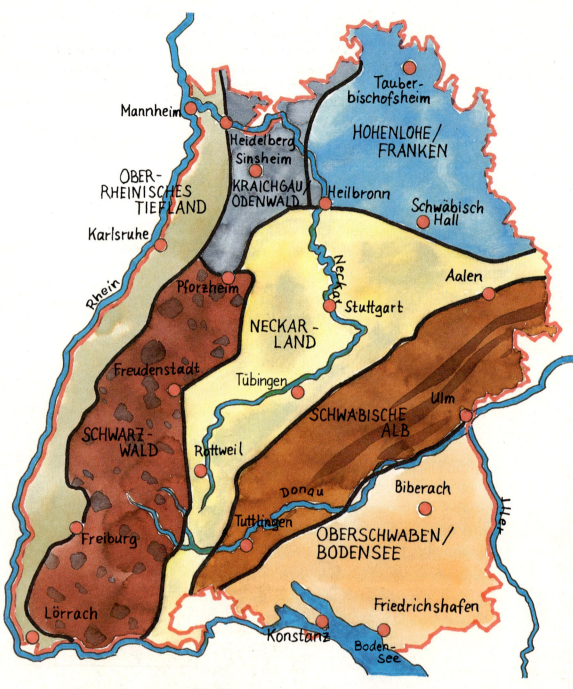

km² = Quadratkilometer

Wir leben in der Bundesrepublik Deutschland, einem Mitgliedsstaat der Europäischen Union. Die Bundesrepublik ist in 16 Bundesländer aufgeteilt. Mit einer Fläche von etwa 35 000 km² ist Baden-Württemberg das drittgrößte Bundesland in Deutschland. Es besteht aus sieben Regionen und sieht auf dieser Karte wie ein zusammengesetztes Puzzle aus.

Die beiden Mittelgebirge Schwäbische Alb
und Schwarzwald sehen zusammen
wie eine Tabakspfeife aus. Damit sie nicht umkippt,
stützt sie sich auf Oberschwaben und den Bodensee.
Die Regionen Kraichgau/Odenwald
und Hohenlohe/Franken lösen sich
wie zwei Rauchwolken aus der Pfeife.
Das Oberrheinische Tiefland begrenzt die Pfeife
im Westen wie ein langer Graben.
Das große Dreieck in der Mitte ist das Neckarland
mit der Landeshauptstadt Stuttgart.

Das Landeswappen von Baden-Württemberg
hat in der Mitte des Schildes drei Löwen.
Sie erinnern an die Zeit der staufischen Kaiser.
Da Baden-Württemberg aus dem ehemaligen Baden
und Württemberg gebildet wurde,
steht rechts vom Schild der Badische Greif
und links davon der Württembergische Hirsch.

Über dem Schild befindet sich die Schildkrone.
Sie besteht aus den sechs Wappen der wichtigsten
Herrschaftsgebiete. Betrachtet man die kleinen Wappen
von links nach rechts, ergibt sich diese Abfolge:
Die Zacken stehen für Franken. Es ist der Fränkische
Rechen.
Das Wappen von Hohenzollern ist schwarz und weiß.
In der Mitte sind der Badische Balken und
die Württembergischen Hirschstangen zu erkennen.
Es folgen Kurpfalz und Österreich. Einige Landesteile
von Baden-Württemberg gehörten einmal zu Österreich.
Dieses Gebiet hieß damals Vorderösterreich.

Großes Landeswappen von Baden-Württemberg

Die Verwaltung des Landes

Baden-Württemberg hat über 10 Millionen Einwohner.
Wie alle Bundesländer hat es eine eigene Verwaltung.
Sie ist zum Beispiel für die Aufgaben der Polizei zuständig
und betreut die Schulen und Universitäten des Landes.

Baden-Württemberg ist in vier Regierungsbezirke
aufgeteilt:
Freiburg, Karlsruhe, Tübingen und Stuttgart.

Diese Regierungsbezirke sind wiederum
in 35 Landkreise gegliedert.
In jedem Landkreis gibt es ein Landratsamt.
Dort entscheidet der Kreistag mit dem Landrat
oder der Landrätin an der Spitze.

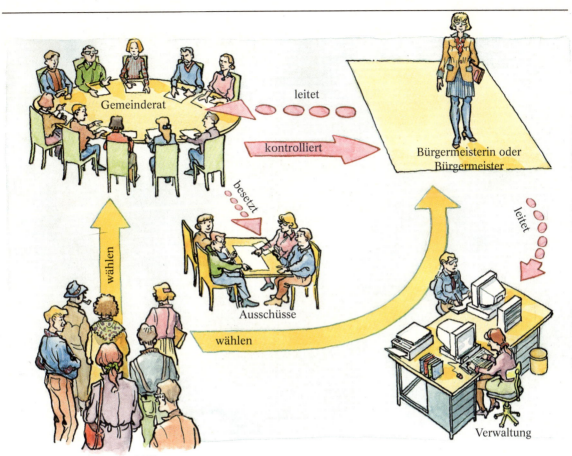

Bauausschuss
Verwaltungsausschuss
Kulturausschuss

Standesamt
Ordnungsamt
Bauamt
Sozialamt

Die Bürger wählen einen Bürgermeister oder eine Bürgermeisterin und die Mitglieder des Gemeinderats. Diese Gruppe entscheidet über alle wichtigen Angelegenheiten der Stadt. In größeren Gemeinden werden Ausschüsse gebildet, die Sachfragen bearbeiten.

Der Bürgermeister oder die Bürgermeisterin führt den Vorsitz im Gemeinderat, stellt die Tagesordnung auf und leitet auch die Verwaltung.
Die Stadtverwaltung besteht aus verschiedenen Ämtern. Diese führen die Beschlüsse des Gemeinderats aus.

Der Gemeinderat muss sich mit allen wichtigen Angelegenheiten der Stadt befassen. Dazu gehören Straßen, Kindergärten, Schulen und viele andere Projekte.
Alle Einnahmen und Ausgaben der Stadt sind in einem Haushaltsplan zusammengestellt. Der Gemeinderat muss über diesen jährlichen Haushaltsplan entscheiden.
Lehnt der Gemeinderat zum Beispiel ein Bauvorhaben der Stadt ab, müssen Gemeinderat und Bürgermeister nach neuen Lösungen suchen.

Ballungsraum Stuttgart

1 Stiftskirche
2 Altes Schloss
3 Neues Schloss
4 Schlossplatz
5 Schlossgarten
6 Staatstheater Großes Haus
7 Staatsgalerie
8 Landtag

Stuttgart liegt mitten in der Region Neckarland
und ist die Landeshauptstadt Baden-Württembergs.
Ihr Name leitet sich von einem Gestüt, dem Stoutgarte, ab.
Der Herzog von Schwaben ließ es um 950 in dem
etwas abgelegenen Nesenbachtal anlegen.
Er benötigte viele Pferde um die Reiterheere
der Ungarn abzuwehren, die damals ins Land einfielen.
Das Rösslein im Stadtwappen erinnert noch heute daran.

Die Stadt Stuttgart, die man früher auch die Stadt
zwischen Wald und Reben nannte,
ist in einem Talkessel entstanden.
An den Hängen der Hügel ringsherum
wurde Wein angebaut. Die Hügel waren bewaldet.

Im Laufe der Jahrhunderte ist Stuttgart immer größer
geworden. Besonders in den letzten 150 Jahren
ist diese Stadt sehr rasch gewachsen.
Durch die Industrie, die sich niedergelassen hat,
entstanden viele Wohnsiedlungen für Arbeiter.
Stuttgart dehnte sich in alle Himmelsrichtungen aus.

Stuttgart nach dem Zweiten Weltkrieg

Das im Zweiten Weltkrieg zerstörte Schloss

Im Zweiten Weltkrieg wurde Stuttgart stark zerstört.
Viele Menschen wurden aus ihrer Heimat im Osten
vertrieben. Sie kamen nach Stuttgart und fanden dort
Wohnung und Arbeit. Auch viele ausländische
Mitbürgerinnen und Mitbürger wohnen heute in Stuttgart.
Oft sind sie gelernte Fachkräfte, die in zahlreichen
Industriebetrieben gebraucht werden. Der Wohlstand
der Stuttgarter ist auch ihnen zu verdanken.

Heute besteht Stuttgart aus einer großen
zusammenhängenden Siedlungsfläche.
Dörfer und Gemeinden, die früher einmal selbstständig
waren, gehören jetzt zur Stadt wie zum Beispiel
Münster, Zuffenhausen, Sillenbuch und Möhringen.

Mit seinen 600 000 Einwohnern ist Stuttgart
die größte Stadt in Baden-Württemberg.
Im Stuttgarter Landtag, dem Regierungssitz,
entscheiden das Parlament und die Landesregierung
über alle Fragen, die für das Land wichtig sind.

Jedes Jahr finden in Stuttgart große Industriemessen statt.
Hersteller aus vielen Ländern der Welt zeigen dort
ihre neusten Produkte.
Auf dem Stuttgarter Flughafen starten und landen
Flugzeuge aus allen Kontinenten.
Er ist eine Drehscheibe der internationalen Verbindungen.

Kontinent: Erdteil

Tierpark Wilhelma

Maurischer Festsaal mit Seerosenteich im Tierpark Wilhelma

Bei einem Ausflug in die Wilhelma kann man etwa 1 000 verschiedene Tierarten bewundern. Insgesamt leben auf dem Gelände ungefähr 8 000 Tiere. 1837 ließ sich König Wilhelm I. diese Anlage als Sommersitz errichten. Der Bau dauerte 16 Jahre. Erst seit der Jahrhundertwende durfte die Anlage auch von Bürgern besucht werden. Ursprünglich war der königliche Park als botanischer Garten geplant.

botanischer Garten: nach Pflanzenfamilien geordneter Garten

Heute werden hier viele Tierarten, die vom Aussterben bedroht sind, erfolgreich gezüchtet. Dazu gehören zum Beispiel Panzernashörner, Zwergflusspferde und seltene Tigerarten. Die Gehege werden so gestaltet, dass sie der heimatlichen Umgebung dieser Tiere ähnlich sind.

Gleich hinter dem Haupteingang liegt das erste Gewächshaus. Dort kann man sich 140 Jahre alte Kakteen ansehen. Im zweiten Haus fühlt man sich in die Tropen versetzt. Durch das feuchtwarme Klima gedeihen hier Orchideen und riesige Palmen. Diese Urwaldatmosphäre wird noch durch das Gezwitscher vieler schöner Vögel verstärkt.

Das Theater

Das Große Haus im Schlossgarten

Regisseur: gestaltet das
Theaterstück und leitet die Proben

Ballettschülerin in Grundstellung

Stuttgart ist eine Theaterstadt.
Max Reinhardt, ein sehr berühmter Regisseur, sagte:
„Das Stuttgarter Theater ist das schönste Theater
der Welt."
Im Großen Haus am Anlagensee finden regelmäßig
Opernaufführungen statt. Opern sind Musiktheaterstücke,
in denen sehr viel gesungen wird.
Die Sängerinnen und Sänger werden mit Musik begleitet,
die ein Komponist komponiert hat.

Neben dem Großen Haus steht das Kleine Haus.
Hier werden Schauspiele, das sind Sprechtheaterstücke,
aufgeführt.

Ein Theaterbesuch ist wie ein Ausflug in eine andere Welt.
Man kommt zurück und betrachtet die eigene Welt
mit ganz anderen Augen. Das Theater der Altstadt
hat eine Jugendbühne, die im Jahr
mehr als 100 Vorstellungen für Kinder anbietet.

Schreibt an ein Theater in eurer Nähe
und lasst euch das Programm und Informationen
über das Theater zuschicken.
Vielleicht könnt ihr es besichtigen
oder sogar gemeinsam eine Vorstellung besuchen.

Das Unterland

Bad Wimpfen: Mittelalterliche Stadtanlage

Bad Friedrichshall: Südwestdeutsche Salzwerke AG

Lauffen: Neckarlandschaft und Weinbau

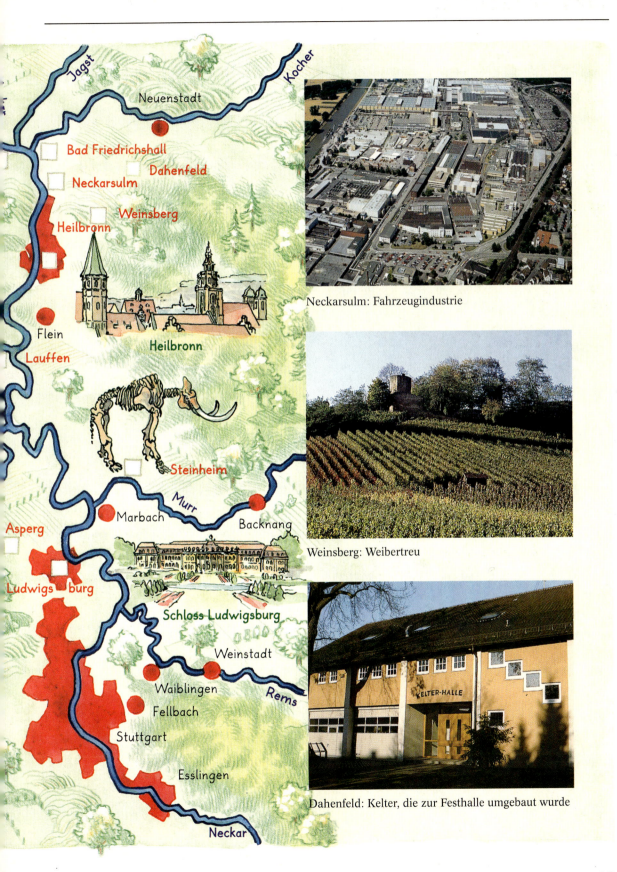

Neckarsulm: Fahrzeugindustrie

Weinsberg: Weibertreu

Dahenfeld: Kelter, die zur Festhalle umgebaut wurde

Eine Region erkunden

Liebe Heimatforscherinnen und Heimatforscher,

in diesem Schuljahr sollt ihr eure Region, das ist euer Heimatort mit seiner näheren Umgebung, erkunden.
Arbeitet heraus, wie die Landschaft in eurer Region beschaffen ist, welche Sehenswürdigkeiten es gibt und welche Persönlichkeiten dort gelebt haben und auch heute noch leben.

Wie ihr dabei vorgehen könnt, zeigen euch die acht Schritte auf den nächsten Seiten. Am Schluss dieses Kapitels haben Schülerinnen und Schüler aus Freiburg ihre Region beschrieben. Einige ihrer Ergebnisse sind auf einem großen Heimatplakat zusammengefasst und aufgeklebt.

Wie wird euer Heimatplakat oder Heimatprospekt aussehen? Vielleicht schickt ihr eure Ergebnisse sogar an den Verlag.
Also dann, viel Spaß!

Euer

Westermann Schulbuchverlag
Abteilung Sachunterricht
Georg-Westermann-Allee 66
38104 Braunschweig

1. Schritt: Findet heraus:
- Welches ist eure Region?
- Wo sind die Grenzen eurer Region?
- Was gehört noch zu dieser Region und was nicht mehr?

2. Schritt: Überlegt gemeinsam, was ihr über eure Region wissen möchtet. Teilt eure Fragen in bestimmte Arbeitsschwerpunkte ein. Eure Einteilung könnte so aussehen:

Geschichte der Region
- Wer hat die Region früher bewohnt?
- Gibt es Spuren aus der Vergangenheit?
- Gibt es noch Burgen und Schlösser?

Landschaft
- Wie heißen die Bäche und Flüsse, die durch unsere Region fließen? Wo entspringen sie und wo münden sie?
- Wie heißt die höchste Erhebung bei uns?

Städte und Dörfer
- Wie viele Städte und Dörfer gehören heute zu unserer Region?
- Wie viele Einwohner hat die Region?
- Gab oder gibt es in unserer Region bekannte Persönlichkeiten, z.B. Dichter, Maler oder Erfinder?
- Welche Freizeitmöglichkeiten gibt es?

Straßen, Bahnlinien, Verkehrswege
- Welche Busverbindungen und Bahnverbindungen gibt es in unserer Region?
- Welche anderen Verkehrswege gibt es noch?
- Welche wichtigen Verkehrswege verbinden unsere Region mit dem Umland?

Arbeit in der Region
- Wie verdienen sich die Menschen bei uns ihren Lebensunterhalt?
- Gibt es bei uns Fabriken? Was wird in den Fabriken hergestellt?
- Arbeiten in unserer Region noch viele Menschen als Landwirte? Was bauen sie hauptsächlich an?

Ihr könnt die Liste der Fragen verlängern.

3. Schritt: Bildet zu den Arbeitsschwerpunkten Gruppen. Tragt zu eurem gewählten Arbeitsschwerpunkt Informationsmaterialien zusammen. Die folgenden Hinweise helfen euch dabei.

- **Prospekte** bekommt ihr im Reisebüro oder beim Hauptamt im Rathaus.
- In der Stadtbücherei könnt ihr **Heimatbücher**, **Wanderführer** und **Karten** ausleihen.
- Ein Besuch im **Museum** oder ein Museumsführer können euch weiterhelfen.
- Fragt im Museum nach, ob es in eurer Region **Heimatforscher** gibt. Sie können euch interessante Informationen liefern. Vielleicht stellen sie ihre Arbeit auch im Museum aus.
- **Ältere Mitbürger** wissen oft sehr gut über ihre Heimatstadt und über die nähere Umgebung Bescheid. Befragt sie und benutzt bei euren Gesprächen einen Kassettenrekorder. So könnt ihr ihre Berichte festhalten und sie später besser verarbeiten.
- Spuren aus der Vergangenheit könnt ihr selbst **fotografieren**. Bestimmt gibt es bei euch sehenswerte Häuser, alte Inschriften, Burgen, Felsen oder alte Gemäuer.

4. Schritt: Mit Hilfe dieser Informationsmaterialien könnt ihr die meisten Fragen beantworten.

- Schreibt auf, was ihr herausgearbeitet habt.
- Sucht geeignetes Bildmaterial aus den Prospekten und Büchern heraus.
- Hört euch die Heimatberichte auf dem Kassettenrekorder an und schreibt die interessantesten Informationen auf.

5. Schritt: Stellt der Klasse die Arbeitsergebnisse vor.
Daran sollen sich alle Mitglieder eurer Gruppe beteiligen.

6. Schritt: Ihr habt sicherlich sehr viel Material zusammengetragen.
Alles könnt ihr nicht verwenden.
- Wählt gemeinsam in der Klasse die wichtigsten Informationen und das schönste Bildmaterial aus.
  Welche Texte und Bilder aus den Büchern und Prospekten sollen geschrieben und gezeigt werden?
- Begründet eure Entscheidungen.

7. Schritt: Arbeitet jetzt wieder in euren Gruppen
und teilt die einzelnen Aufgaben unter euch auf.
- Zeichnet Kartenausschnitte mit Bergen, Flüssen, Seen, Städten, Dörfern, Wäldern und Verkehrswegen.
- Schreibt die Geschichtstexte, Gedichte, und Sagen aus den Büchern ab.
  Vielleicht könnt ihr dazu eine Schreibmaschine oder einen Computer verwenden?
- Verarbeitet eure Gespräche zu einem Bericht.
- Schneidet die Bilder aus oder malt eigene Bilder.

8. Schritt: Wenn die Arbeiten in euren Gruppen abgeschlossen sind, könnt ihr mit der Darstellung eurer Region beginnen.
Gestaltet sie in der Form eines Prospektes oder Heimatordners.
Besonders schön ist ein großes Plakat:
- Ordnet alle Beiträge auf einem großen Bogen Karton an.
- Klebt sie erst dann auf, wenn jede Heimatforscherin und jeder Heimatforscher mit der Anordnung einverstanden ist.

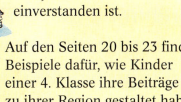

Auf den Seiten 20 bis 23 findet ihr
Beispiele dafür, wie Kinder
einer 4. Klasse ihre Beiträge
zu ihrer Region gestaltet haben.

Arbeitsergebnisse

Freiburg im Breisgau

So sah Freiburg früher aus. Die Stadt war durch eine Stadtmauer mit Stadttoren gesichert. Freiburg liegt am Fuß des Schlossbergs mit der Zähringer Burg.

Wenn man einen Stadtplan von heute mit dieser alten Stadtansicht vergleicht, kann man noch die alte Stadtanlage erkennen.

In Freiburg plätschern viele Stadtbäche neben den Straßen. Auch das ist ein Wahrzeichen der Stadt.

Auf dem Freiburger Münsterplatz findet der Wochenmarkt statt. Dort bekommt man immer frisches Obst und Gemüse.

Freiburg im Breisgau

Das weltberühmte Freiburger Münster ist das Wahrzeichen der Stadt. Der Turm ist 116 Meter hoch. Über 329 Stufen kann man ihn besteigen.

Von Freiburg aus kann man schöne Ausflüge machen. Wir sind mit der Seilschwebebahn auf den 1284 Meter hohen Berg Schauinsland gefahren.
Das ist ein tolles Gefühl, wenn man die Dächer unter sich sieht und es immer höher und höher geht.

Das Martinstor ist das älteste erhaltene Freiburger Stadttor. Es wurde um 1180 erbaut.

Interessante Menschen

Justinus Kerner

Der Arzt und Dichter Justinus Kerner wurde 1786 in Ludwigsburg geboren und starb 1862 in Weinsberg im Landkreis Heilbronn. Neben seinem Beruf als Arzt widmete er sich immer schon der Dichtung. Seit 1810 wirkte der Dichter-Arzt in verschiedenen Städten Württembergs. 1813 heiratete Kerner. Von 1815 an war er Oberamtsarzt in Gaildorf.
Seit 1819 lebte Kerner auf dem Weinsberg. Hier, unterhalb der Burgruine Weibertreu, ließ er sich nieder und konnte vielen Menschen helfen.

Justinus Kerners Klecksographien

Justinus Kerner machte gerne Klecksographien. Schnell wird aus einem Tintenklecks ein grausiges, schönes, unheimliches oder lustiges Fantasietier. Es ist ganz einfach. Zuerst kleckst man etwas Tinte auf ein Blatt Papier. Danach wird das Blatt genau in der Mitte des Tintenkleckses gefaltet und zusammengepresst. Wenn man das Blatt nun wieder auseinander klappt, hat man schon den Körper. Jetzt werden nur noch Fühler, Beinchen, Stacheln und Flügel an den Körper gemalt und das Tierchen ist fertig.

Besondere Bräuche

Fasnachtszeit

Zur Fasnachtszeit geht es in vielen Orten und Städten unseres Landes besonders verrückt zu. Jede Stadt hat ihre eigene Fasnachtsfigur und ihre besonderen Bräuche.

Beim Hexenlaufen in Bräunlingen springen die Hexen aus der Kälte durch das warme Feuer in den Frühling.
Das Hexenlaufen findet jedes Jahr zu Maria Lichtmess statt. Ab diesem Tag dürfen die Kinder bis zur Fasnacht als Hexen verkleidet durch die Straßen tollen.

Elzacher Schuddig

Fasnachtsumzug in Wolfach

Auf den Straßen der Stadt sieht man zur Fasnachtszeit viele schöne Masken und Kostüme.
Man kann sie im Wolfacher Heimatmuseum bewundern.

Karlsruhe – eine Stadt vom Reißbrett

Markgraf: Verwalter eines Grenzlandes
Residenz: Hauptstadt

Reißbrett: Zeichenbrett

Karl Wilhelm wurde 1709 Markgraf von Baden-Durlach.
Er ließ ein neues Schloss und die Stadt Carolsruhe planen,
denn seine Residenzstadt Durlach war,
wie viele andere Städte und Schlösser,
von französischen Truppen völlig zerstört worden.

Auf dem Reißbrett sah die neue Anlage wie eine große
Sonne aus:
Mittelpunkt war der Schlossturm. Von ihm aus gingen
fächerartig neun Straßen zur Stadt hin. Dahinter führten
23 Alleen wie Strahlen in alle Richtungen durch den Wald.
Mitten im Hardtwald wurde 1715 mit dem Bau
des Schlosses begonnen. Als billiges Baumaterial
verwendete man vor allem Holz und Lehm.

Leute, die sich in der neuen Stadt ansiedeln wollten,
mussten 200 Gulden Bargeld mitbringen.
Der Markgraf versprach ihnen dafür besondere
Vergünstigungen. Fremde kamen von überall her.
Arbeiter, die beim Schlossbau mithalfen, Waldarbeiter
und andere arme Leute durften am Landgraben
außerhalb der Stadt ihre einfachen Häuschen bauen.
So entstand eine Siedlung, die man Klein-Karlsruhe
oder Dörfle nannte. Auch in der neuen Stadt lebten
viele Bürger bescheiden und unbequem. Ihre Häuser
waren klein und eng. Wasser mussten sie sich an Brunnen
holen. Die Straßen waren ungepflastert und schmutzig.

Von 1746 bis 1811 regierte Karl Friedrich, der Enkel
des alten Markgrafen. Mit ihm blühte die Stadt auf.
Karl Friedrich ließ das Schloss neu aus Stein bauen
und den Schlossgarten erweitern. Er ordnete den Bau
von Landstraßen, kleinen Fabriken und Kanälen an.
In seinem Land führte er die Volksschulpflicht ein
und schaffte die Folter ab. Seine Gemahlin Caroline Luise
liebte und sammelte Gemälde von berühmten Malern,
die man heute noch in der Staatlichen Kunsthalle
betrachten kann.

foltern: körperliche Qualen
zufügen um ein Geständnis
zu erzwingen

1806 wurde Karlsruhe die Hauptstadt des Großherzogtums
Baden. Die Stadt musste erweitert werden. Gebäude,
die Friedrich Weinbrenner damals gestaltete, prägen heute
noch das Stadtbild. Dazu gehören neben vielen anderen
das Rathaus, die Stadtkirche und der Marktplatz.

Kinder im Kunstmuseum

Orangerie:
früher ein Gewächshaus,
in dem Orangenbäume
überwintert wurden

Seit mehr als 20 Jahren gibt es in der Orangerie der Staatlichen Kunsthalle Karlsruhe ein eigenes Kindermuseum.

Immer wieder werden dort neue Ausstellungen aufgebaut, die speziell für Kinder interessant sind und in denen es immer etwas Neues zu tun gibt. Drucken, malen, werken, spielen und Feste vorbereiten stehen dabei auf dem Programm. Manche Kinder feiern dort sogar mit ihren Freunden Geburtstag.

In der Staatlichen Kunsthalle in Karlsruhe sind alte und moderne Bilder sowie plastische Figuren aus Ton, Holz Stein oder Metall ausgestellt. Kinder sind dort immer willkommen. Sie können sich Gemälde anschauen und erklären lassen. Viele Kinder finden es interessant, wenn ihnen etwas über den Künstler und über die Zeit erzählt wird, in der seine Bilder entstanden sind.

Zwei Herren im Gespräch

Kunsthändler zeigen Caroline Luise ein Bild.

Requisiten: Zubehör für eine Bühnenaufführung oder eine Filmszene

Lebende Bilder entstehen, wenn die Kinder Szenen aus Bildern nachstellen oder nachspielen.
In Kleidern, die nach alten Modellen genäht wurden, und mit Requisiten aus alten Zeiten macht das besonders viel Spaß. Man kann das mit der ganzen Klasse, in einem Kurs am Nachmittag oder während einer ganzen Ferienwoche erleben.

Rokoko: ein französischer Kunststil des 18. Jahrhunderts

Kinder in der Kleidung aus der Zeit des Rokoko

Karlsruher Verkehrsverbund – KVV

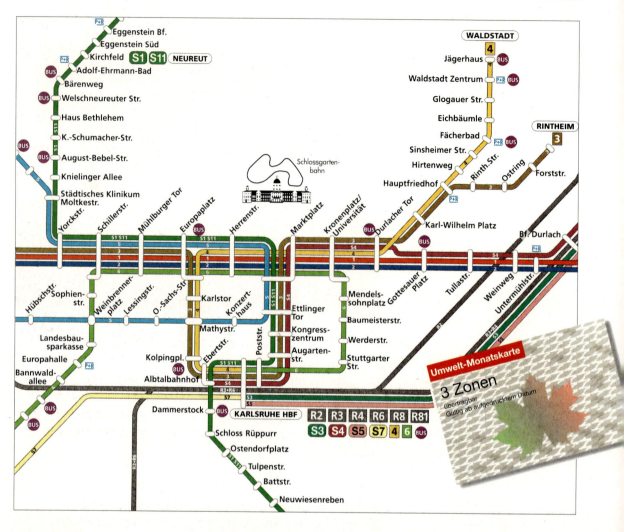

R2	Regionalbahnlinie
S3	Stadtbahnlinie
2	Straßenbahnlinie
BUS	Busanschluss
P+R	Park + Ride
=	Regionalbahnstrecke nicht im Tarifverbund

Im Bereich des KVV wurde für den Öffentlichen Personennahverkehr (ÖPNV) in letzter Zeit viel getan. Omnibusse, Straßenbahnen, die Stadtbahn und die Regionalbahn sind bequem und fahren in kurzem Zeittakt. Die Fahrpläne sind gut aufeinander abgestimmt. Es gibt günstige Fahrkarten für verschiedene Bedürfnisse. Viele gelten im ganzen Netz. Im KVV darf man jetzt sogar sein Fahrrad mitnehmen.

In 46 Städten und Gemeinden lassen immer mehr Einwohner das Auto zu Hause stehen, wenn sie zur Arbeit oder zum Einkaufen in die Stadt fahren. Mit öffentlichen Verkehrsmitteln kommt man bequem und ohne Stress nah ans Ziel. Dort fällt die lästige Parkplatzsuche weg. Oft trifft man unterwegs Bekannte und kann sich unterhalten oder Zeitung lesen.

Städtische Rheinhäfen Karlsruhe

Der Rhein dient Frachtschiffen als Wasserstraße zwischen der Schweiz, Frankreich, Deutschland und den Niederlanden. Schon im Jahr 1901 wurde am Rhein bei Karlsruhe ein Handelshafen in Betrieb genommen. 1963 kam ein Ölhafen dazu.

Binnenhafen:
Hafen im Landesinnern

Heute gehören die Karlsruher Rheinhäfen zu den wichtigsten Binnenhäfen in Deutschland. Sie sind bedeutsame Umschlagplätze und Lagerplätze für den Güterverkehr. Wasserweg, Schienennetz und Autobahn treffen hier zusammen.
Schiffe sind auf langen Strecken ein umweltschonendes und sicheres Transportmittel. Sie können schwere und sperrige Güter, Gefahrgut, Schrott, Öl, Flüssiggas und chemische Produkte laden.

Silo: Großspeicher

Im Hafengebiet haben sich Industrie und Gewerbebetriebe angesiedelt. Um die sechs Hafenbecken erstreckt sich ein großes Gelände mit Lagerhallen und Silos. Verschiedene Kräne, Verladebrücken, Saugförderanlagen, Tieflader, Lastwagen, Containerzüge und Güterzüge bestimmen das Bild.
Mit einem riesigen Hochwassersperrtor kann man den ganzen Hafen abschließen, wenn die Hochwassermarke 7,50 Meter bei Maxau überschritten wird.

Frauen in Karlsruhe

Im Dörfle neben der Residenzstadt Karlsruhe lebten die armen Leute, die sich keine Bürgerrechte für die Stadt kaufen konnten. Die Männer verdienten als Tagelöhner, Kleinhandwerker oder Dienstboten nur wenig Geld. Ihre Frauen hielten Gänse, Hühner, Hasen und Schweine. Außerdem bauten sie in Gärten und auf kleinen Äckern Gemüse und Obst an. So hatten die Familien meist genug zu essen.
Die Mädchen hatten mit 13 Jahren ihre Schulpflicht erfüllt. Viele wurden dann als Dienstbotinnen zu wohlhabenden Leuten geschickt.

1831 gründete die Großherzogin Sophie in Karlsruhe mit adligen und bürgerlichen Damen den Badischen Frauenverein. Sie wollte sich besonders um Frauen und Mädchen aus armen Verhältnissen kümmern.
Der Verein richtete Schulen ein, in denen Mädchen nähen und stopfen lernen konnten. Er eröffnete auch einen Laden mit Handarbeiten, die von Frauen in Heimarbeit hergestellt worden waren. Manche Frauen verdienten so zum ersten Mal selbst Geld.

Durchschnittslöhne um 1900:
Frauen: ca. 150 Pfennig pro Tag
Männer: ca. 320 Pfennig pro Tag

Preisliste um 1900:
1 l Milch – 20 Pfennig
1 kg Brot – 32 Pfennig
1 kg Schweinefleisch – 150 Pfennig
1 kg Butter – 240 Pfennig
1 kg Kartoffeln – 7 Pfennig

Seit Mitte des 19. Jahrhunderts entstanden immer mehr Fabriken. Viele junge Frauen wurden jetzt als billige ungelernte Arbeitskräfte eingestellt. Ihre Löhne waren sehr viel niedriger als die der Männer.
Ihre Einkommen reichten nicht für das tägliche Leben aus.

Arbeiterinnen in einer Schuhfabrik 1908

Die erste Apothekerin

Nelken
Zimtstangen
Kardamom
Pfeffer-
körner
Muskat-
nuss
Gelbwurz
Ingwer

Alter Gewürzbehälter
aus der Apotheke

Pharmazie: Arzneimittelkunde

Semester: Studienhalbjahr

Als Magdalene Meub 12 Jahre alt ist, wird in Karlsruhe das erste Mädchengymnasium gegründet. Jetzt können auch Mädchen Abitur machen. Nachbarn und Verwandte wundern sich sehr, dass die Eltern Lina in diese neue Schule schicken, denn der Vater ist Bäckermeister und nicht Hofrat. Warum sollte ein Mädchen so lange zur Schule gehen? 1899 gehört Lina Meub zu den vier jungen Frauen, die als erste in Deutschland die Abiturprüfung bestehen. Ihre Mitschülerin Rahel Goitain wird die erste Medizinstudentin an der Universität Heidelberg.

Lina Meub möchte Apothekerin werden. Bisher durften nur Männer diesen Beruf ausüben. Die Ausbildung dauert lange. Nach einer zweijährigen Lehre in einer Apotheke muss eine Gehilfenprüfung abgelegt werden. Es folgen drei Gehilfenjahre, dann das Studium an einer Hochschule.
1904 beginnt Lina Meub das Pharmaziestudium an der Technischen Hochschule in Karlsruhe. Nach vier Semestern macht sie das Staatsexamen. Bald darauf heiratet Deutschlands erste Apothekerin ihren Kollegen Adolf Neff. Mit ihrem Mann übernimmt sie die Löwenapotheke in Ehingen an der Donau. Lina Neff arbeitet in ihrer Apotheke, bis sie fast 70 Jahre alt ist. Als Lina Neff 1966 stirbt, sind viele Berufe, die früher nur von Männern ausgeübt werden durften, längst auch zu Frauenberufen geworden.

Die Schwäbische Alb

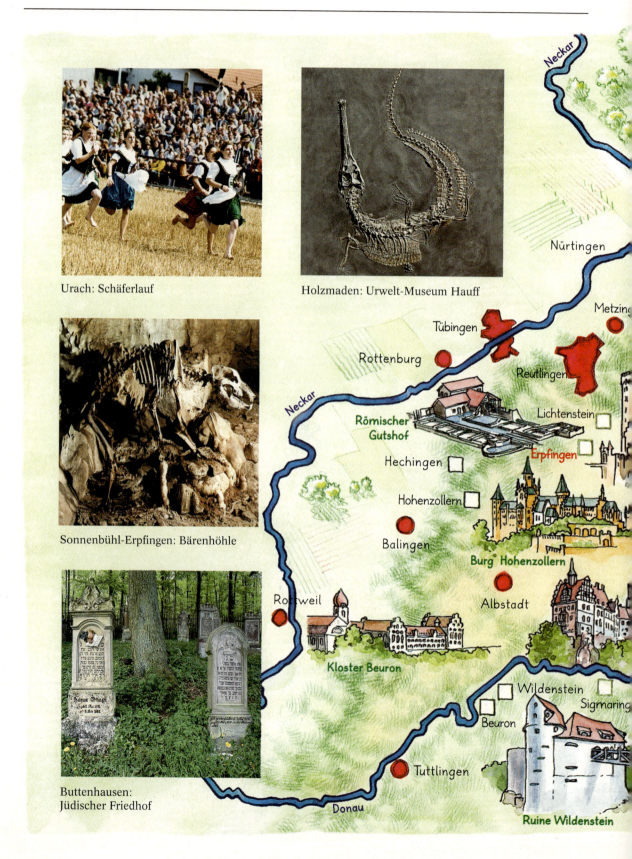

Urach: Schäferlauf

Holzmaden: Urwelt-Museum Hauff

Sonnenbühl-Erpfingen: Bärenhöhle

Buttenhausen: Jüdischer Friedhof

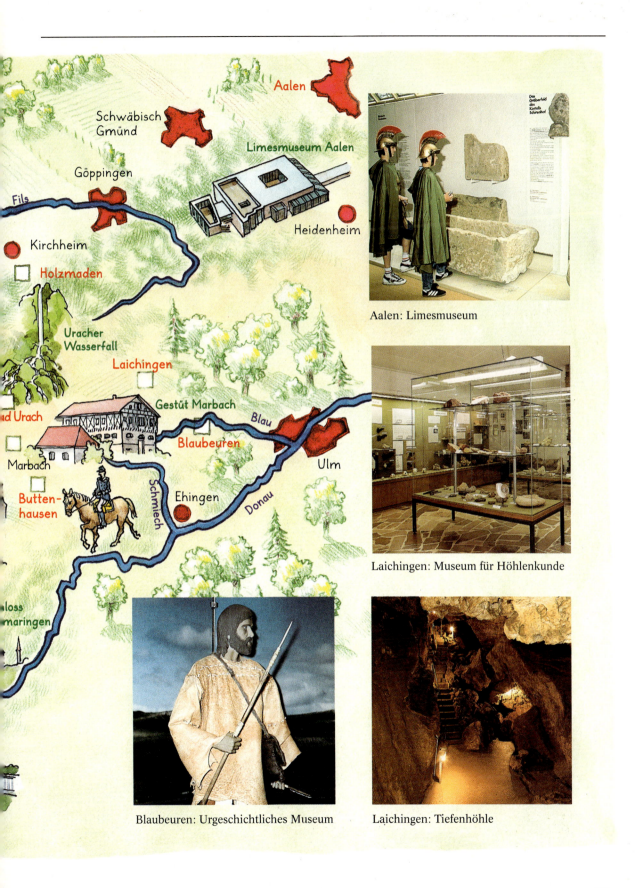

Natur und Erholung

Frauenschuh

Küchenschelle

Wacholder

Silberdistel

Schäfer auf der Schwäbischen Alb

Auf der Schwäbischen Alb war es schon immer schwieriger Landwirtschaft zu betreiben als in anderen Gebieten. Jedes Frühjahr mussten die Steine mit der Hand von den Feldern aufgelesen werden. Große Flächen auf der Alb konnte man nicht als Acker nutzen.
Da das Gestein nur ganz wenig mit Erde bedeckt ist, bekommen die Pflanzen kaum Nährstoffe.
Auch der Regen versickert schnell zwischen den Steinen im Boden. Aus diesem Grund haben die Bauern riesige Flächen unbebaut gelassen. Sie sind heute für die Natur sehr wertvoll.

Als noch viele Menschen von der Landwirtschaft leben mussten, hat man diese großen Trockenflächen als Weide genutzt. Deshalb verdankt die Alb ihr typisches Aussehen zu einem großen Teil der Weidewirtschaft.
Die Schafe suchen zwischen den Steinen nach Kräutern und harten Gräsern. Sie weiden sogar junge Bäume ab. Da der Schäfer jeden Tag mit seiner Herde weiterzieht, wird die Natur kaum durch die Tiere beeinträchtigt.

Auf den saftigen Weiden bei Marbach grasen die Zuchtpferde des Landesgestütes. Von hier stammen die Vorfahren vieler Pferde, die im Land und in der ganzen Welt als Reitpferde weitergezüchtet werden. Ihr könnt dieses Gestüt besichtigen. Jedes Jahr werden die jungen Pferde an einem festlichen Tag vorgeführt.

Die Schwäbische Alb ist reich an beliebten Ausflugszielen
mit vielen Sehenswürdigkeiten.
Besonders am Wochenende fahren Menschen
aus der Stadt in die Natur um sich zu erholen.
Bei ihren Wanderungen nehmen manche
noch zu wenig Rücksicht auf die Umwelt.
Sie verlassen die Wege, gehen durch Wald und Wiesen,
stören Tiere in ihrem Lebensraum und treten unachtsam
auf seltene, geschützte Pflanzen.
Um die Natur zu schützen hat man an vielen Stellen
Wanderparkplätze mit ausgewiesenen Wanderwegen,
Grillplätze und Spielplätze angelegt.
Der Schwäbische Albverein hat die Wege markiert
und Wanderkarten erstellt.

In Naturschutzgebieten dürfen
Pflanzen nicht gepflückt
und Tiere nicht gestört werden.
Wer gegen die Regeln verstößt,
kann bestraft werden.

Entstehung der Höhlen

Die Schwäbische Alb besteht aus wasserdurchlässigem Kalkgestein mit vielen Rissen und Spalten.
Aus diesem Grund versickert das meiste Regenwasser sehr schnell. Auf seinem Weg in die Tiefe löst es winzige Mengen des Kalkgesteins.

Im Laufe von Millionen Jahren entstehen breitere Spalten, an manchen Stellen sogar kleine und größere Höhlen. Unendlich lange Zeit tropft das Wasser in den Höhlen aus der Decke. Aus jedem Tropfen lagert sich eine winzige Spur Kalk ab. So entstehen am Boden und an der Decke über Jahrtausende die schönen Tropfsteine (1).

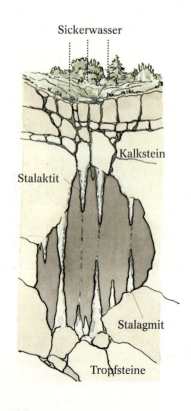

Manche Gesteinsschichten und lehmige Erde lassen das Wasser aber nicht durchsickern.
Deshalb sammelt es sich über diesen Schichten und fließt als Rinnsal unter der Erde weiter (2).
Am Rande der Schwäbischen Alb oder in einem Tal tritt es wieder zu Tage.
Wenn im Tal ein Höhlenfluss zum Vorschein kommt, entsteht ein sogenannter Quelltopf (3).
Die Lauterquelle bei Offenhausen ist ein Beispiel dafür.

Schon vor langer Zeit haben die Höhlen der Schwäbischen Alb den Tieren und Menschen als Wohnung und Unterschlupf gedient.
Höhlenbären hielten dort ihren Winterschlaf.
Die Menschen der Steinzeit haben in diesen Höhlen ihre Werkzeuge bearbeitet und die gejagten Tiere zerlegt.

S'leit a Glötzle Blei
glei bei Blaubeura.
Glei bei Blaubeura
leit a Glötzle Blei.

Zungenbrecher

Der Blautopf bei Blaubeuren ist die größte Quelle
am Südrand der Schwäbischen Alb. Hier tritt das
auf der Alb versickerte Wasser aus dem tiefen Quelltopf.
Wenn es auf der Alb regnet, ist sein Wasser gelb und trübe.
Scheint die Sonne über einen längeren Zeitraum,
fließt nur wenig Wasser und der Quelltopf leuchtet tiefblau.

Es wurden schon viele Geschichten über diese
geheimnisvolle Quelle erzählt. Der schwäbische Dichter
Eduard Mörike schrieb die Geschichte von der schönen
Lau. Die schöne Lau ist eine Wassernixe mit langen,
fließenden Haaren. Sie sitzt auf dem Grund der Quelle
und wartet darauf, dass sie endlich einmal lachen kann.

Taucher erforschten den Blautopf. In 20 Metern Tiefe
fanden sie den schmalen Eingang zu einem Höhlensystem.
Ungefähr eineinhalb Kilometer von diesem Eingang
entfernt liegt der größte Höhlenraum der Schwäbischen
Alb. Dieser Raum ist 120 Meter lang, 35 Meter breit
und 40 Meter hoch und erstreckt sich bis weit in die Alb
hinein.

Bei seinem 70. Tauchgang hat der Höhlenforscher
Jochen Hasenmayer am 4. November 1985 diese riesige,
unterirdische Höhle entdeckt. Er nannte sie Mörike-Dom.
Heute genehmigt der Gemeinderat nur noch wenige
Tauchgänge im Jahr.

Wasserversorgung der Schwäbischen Alb

Wasser ist wertvoller als Gold!

Die Schwäbische Alb ist ein wasserarmes Gebiet.
Die wenigen Bäche versiegen schnell und Quellen
sind auf der Hochfläche kaum zu finden.
Dieser Mangel an Wasser machte den Bewohnern
der Alb sehr zu schaffen.
Sie versuchten sich auf verschiedene Weise zu helfen.
So fingen sie das Regenwasser in großen Bottichen
und Gruben auf, doch durch das lange Aufbewahren
wurde das Wasser trübe und schmutzig.
Außerdem reichte es weder für Menschen noch Vieh.

In vielen Dörfern legte man Hülen an. Hülen sind Mulden,
die mit Lehm ausgekleidet wurden. In ihnen sammelte sich
der Regen oder das Wasser der Schneeschmelze,
bis kleine Teiche entstanden. Zu diesen Teichen trieben
die Bauern ihr Vieh zur Tränke.
Bei Bränden wurde daraus das Löschwasser geschöpft.
Auch das Wasser in diesen künstlich angelegten
Dorfteichen war sehr schmutzig.
„Für uns wär's schon noch recht,
aber's Vieh will's halt nimmer saufe",
soll ein Albbewohner zu einem
durchreisenden Fremden gesagt haben.

In manchen Jahren mussten die Bauern
das kostbare Trinkwasser mit Fuhrwerken
aus dem Tal heraufahren. Kein Wunder,
dass man der Pfarrersfrau zur Geburt ihres Kindes
ein Fass reines Wasser schenkte.

Wasserfuhrwerke am Berg

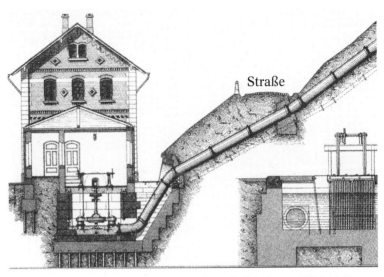

Ausschnitt aus dem Plan des Pumpwerks Eybtal (erbaut 1880/1881)

In den Tälern am Rand der Schwäbischen Alb gab es
ausreichend sauberes Wasser aus Quellen, Bächen,
Flüssen und Brunnen. Es stammte zu einem großen Teil
von der Alb. Wie aber konnte man es dahin wieder
zurückbringen?

Vor etwa einhundert Jahren zeigte sich eine neue
Möglichkeit zur Lösung des Problems.
Man konnte jetzt Wasserrohre aus Eisen herstellen.
Kräftige Pumpen beförderten das Wasser auch
auf den Berg. Der Königliche Baurat Dr. Ehmann
aus Stuttgart plante so die erste Wasserversorgung
des Landes. Er stellte den Bauern der Alb seine Pläne vor.

Schon im Jahr 1870 wurde das erste Pumpwerk in Betrieb
genommen. Ein Wasserrad in der Schmiech gab der Pumpe
die Kraft das Wasser in Druckleitungen fast 200 Meter
bis auf die Höhen der Alb zu pumpen. Dort wurde es
in einem Hochbehälter gespeichert. Vom Behälter aus
floss das Wasser zu den Haushalten in den Albgemeinden.

Heute werden viele Gemeinden und Haushalte
im Ballungsraum Stuttgart mit Wasser aus dem
Bodensee versorgt. Wasserwerke, viele Kilometer
Druckleitungen und kräftige Pumpen bilden das System
der Fernwasserversorgung.
Wer denkt heute noch daran, wie kostbar
sauberes Trinkwasser war und ist?

Der Mensch nutzt die Natur

Die Menschen haben gelernt Materialien zu nutzen, die die Natur bereithält. Sie suchen nicht nur nach Edelsteinen, auch Sand, Kies, Schotter und Steine sind für sie wertvoll.

Am Rhein wird Sand gewonnen und der Fluss trägt immer neuen heran.
Im Oberland gibt es große Lager von Kies und Schotter. Diese Materialien wurden von den Gletscherflüssen der Eiszeit transportiert und abgelagert.
Bei Heidelberg wird Porphyr gebrochen.
Dieses harte rötliche Gestein stammt aus Vulkanen, die lange erloschen sind.
Im Odenwald liegen große Granitsteine an der Oberfläche. Früher wurden daraus Platten, Grabsteine und Randsteine hergestellt. Schon die Römer haben aus Granitgestein Säulen gehauen.

Besonders interessant sind die Schieferbrüche am Nordrand der Schwäbischen Alb.
In den flachen Platten kann man eingeschlossene Versteinerungen von Pflanzen und Tieren finden.

Eiszeit: Zeit, in der ein Teil des Landes von Eis bedeckt war

Versteinerte Pflanze

Jura: eine Zeit der Erdgeschichte, sie dauerte etwa 60 Millionen Jahre

Vor langer Zeit hat sich aus dem warmen Jurameer Schlamm abgelagert. Daraus ist Kalk entstanden. Die Schwäbische Alb besteht zu einem großen Teil aus diesem Kalkstein. Zwischen Ulm und Blaubeuren ist die Alb wie aufgeschnitten. Dort liegt ein Steinbruch neben dem anderen. In der Nähe dieser Steinbrüche arbeiten Zementwerke. Aus dem zerkleinerten Gestein wird in riesigen Drehöfen bei 1350–1500 Grad Zement gebrannt. Noch vor 30 Jahren hingen über den Zementwerken große graue Wolken. Dicker Staub bedeckte die Dächer der Fabriken und der umliegenden Häuser. Heute wird der Staub mit Filtern zurückgehalten.

Was geschieht aber mit den stillgelegten Steinbrüchen? Einige von ihnen werden mit Müll aufgefüllt. Andere stellt man unter Naturschutz. Hier finden seltene Pflanzen und Tiere ihren Lebensraum. Auch Baggerseen werden oft zu Schutzgebieten für Pflanzen und Tiere. In ihren steilen Wänden bauen sich die seltenen Uferschwalben ihre Neströhren. Die Menschen verbringen ihre Freizeit gerne an diesen künstlichen Seen. Sie sind zu Erholungsgebieten geworden.

Arbeit

Arbeit gehört wie Essen und Trinken zu unserem Leben.
Frauen und Männer arbeiten in sehr unterschiedlichen
Berufen.
Vor nicht allzu langer Zeit waren viele Arbeiten
schwer und eintönig. In den letzten 50 Jahren hat sich
die Arbeit jedoch für die meisten Menschen verändert.

Einen Betrieb erkunden

Nehmt eine Karte eurer näheren Umgebung
und tragt Betriebe ein, die dort angesiedelt sind.
Sucht euch einen Betrieb aus, der euch interessiert.
Vielleicht arbeitet ein Elternteil von euch in diesem Betrieb.

- Fragt nach, ob ihr diesen Betrieb besichtigen könnt.
- Stellt Fragen zusammen, die ihr im Betrieb stellen wollt.
- Überlegt, wie ihr die Antworten festhalten wollt.
- Wie sollen die Ergebnisse und Beobachtungen dargestellt werden?

Besuch auf dem Bauernhof

1. Wie sieht bei Ihnen der Tagesablauf aus?
2. Welche Ausbildung braucht ein Bauer oder eine Bäuerin?
3. Gehört der Hof Ihnen?
4. Wie viele Arbeitskräfte arbeiten auf dem Bauernhof?
5. Wie lange arbeiten Sie am Tag?
6. Wie oft haben Sie Urlaub?
7. Was bauen Sie auf den Feldern an?
8. Wo verkaufen Sie Ihre Ernteerträge?
9. Welche Tiere haben Sie auf Ihrem Hof?

Leben und Arbeit der kleinen Leute

Zur Zeit eurer Ururgroßeltern lebten viele Familien
in bitterer Armut. Die Nahrungsmittel waren knapp
und teuer. Durch Missernten stiegen die Getreidepreise
immer höher. Deshalb mischte manche Mutter
Sägemehl unter das Brotmehl, damit es länger reichte.
In den Städten wurden Suppenküchen eingerichtet,
die die Not lindern sollten.

Auch auf dem Land wurde die Not immer größer.
Im Königreich Württemberg wurde zu dieser Zeit
nämlich so vererbt: Jeder Acker wurde gleichmäßig
unter den Söhnen aufgeteilt. Was auf diesen kleinen
Äckern wuchs, reichte nicht einmal für die eigene Familie.

Deshalb wanderten viele Familien nach Amerika aus.
Andere fuhren auf großen Booten, den Ulmer Schachteln,
die Donau hinunter bis in die Länder am Schwarzen Meer.

Wer im Land blieb musste sich zu helfen wissen.
Sparsamkeit, Fleiß und Fantasie waren die einzigen Hilfen
in der Not. Frauen suchten sich Arbeit als Wäscherin
oder Näherin. Oft saßen sie die halbe Nacht über ihrer
Heimarbeit. Auch Kinder mussten schon mithelfen.

Vom Bauern zum Facharbeiter

Handwerk hat goldenen Boden.
Altes Sprichwort

In dieser schweren Zeit lernten viele Bauern zusätzlich noch ein Handwerk und arbeiteten doppelt, auf dem Acker und in der Werkstatt.
Wer keinen Acker hatte, musste sich auf andere Weise helfen. Ob Schuster, Schmied, Schlosser, Uhrmacher oder Weber, sie suchten alle nach einer Idee, die ihnen zu Arbeit und Brot verhelfen konnte. Mancher Tüftler und Erfinder konnte so seine Familie ernähren.

Einige von ihnen wurden sogar wohlhabend und bekannt. Sie begannen ihren Weg mit einer Idee und machten eine Erfindung.
Wenn diese Erfindung Erfolg hatte, sollte sie in größerer Stückzahl produziert werden.
Hier konnten Maschinen helfen. Aus der Handarbeit wurde in großen Werkstätten eine Serienproduktion mit Maschinen. Wer dort Arbeit fand, wurde vielleicht ein Spezialist, wenn er sein Fach verstand.

Aus manchem Handwerksbetrieb wurde eine Fabrik. Hier fanden viele Frauen und Männer vom Lande ihr Auskommen. So begann die Zeit der Facharbeiter und die Zeit der Industrie.

Früher wurden die Schuhe in reiner Handarbeit hergestellt. Heute kommen sie in großen Mengen vom Fließband.

Die Erfindung

Ein Erfinder dieser Zeit war der Schorndorfer Büchsenmacher Gottlieb Daimler. In seinem Handwerk lernte er alle notwendigen Arbeiten selbst auszuführen. Da wurde geschmiedet, gefeilt, gedreht, gebohrt, gehobelt und immer wieder gemessen. Sogar eine komplizierte Maschine konnte Daimler selbst planen, zeichnen und bauen.

Gottlieb Daimler beschäftigte sich lange Zeit mit dem Bau eines leichten Motors, den man in ein Fahrzeug einbauen konnte. Zusammen mit Wilhelm Maybach baute er 1883 den ersten schnell laufenden Benzinmotor der Welt. Unter den entsetzten Blicken der Mitbürger knatterte das erste Motorrad durch die Straßen von Schorndorf. In Mannheim baute Carl Benz fast zur gleichen Zeit seinen selbst entwickelten Motor in eine Kutsche ein.

Frau Benz mit ihren Söhnen auf der Fahrt von Mannheim nach Pforzheim

Von der Erfindung zur Serienproduktion

Lackiererei um 1905

Die Motorkutschen von Gottlieb Daimler und
Carl Benz ließen sich gut verkaufen.
Reiche Leute, Ärzte und Kaufleute besaßen bald
ein solches sich selbst bewegendes Fahrzeug.

automobil: sich selbst bewegend

Um die Automobile in größerer Zahl herstellen
zu können gründete Daimler 1890 die Daimler-
Motoren-Gesellschaft in Cannstatt.
In diesem Werk nahmen 123 Menschen
ihre Arbeit auf. Durch einen Brand wurde die Fabrik
1903 zerstört. Das neue Werk in Untertürkheim
beschäftigte 1904 schon 2 376 Mitarbeiter.
Bis heute ist die Belegschaft der Daimler-Benz-Werke
auf über 20 000 Frauen und Männer angewachsen.

Die Arbeit in den Produktionsstätten hat sich
im Laufe der Jahre sehr verändert.
Was ursprünglich in Handarbeit hergestellt wurde,
produzieren heute computergesteuerte Roboter.
Aus diesem Grund werden immer wieder
Arbeitsplätze überflüssig.

Werbeplakat aus dem Jahr 1913

Es gibt jedoch auch noch Berufe, in denen
ausgebildete Menschen dringend benötigt werden.

Beruf: Altenpfleger

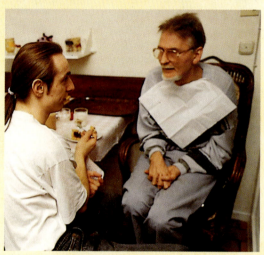

Thomas Stage arbeitet
als Altenpfleger.
In einem Heim pflegt er
alte Menschen.
Die Bilder zeigen, wie
sein Arbeitstag aussieht.

Herr Stage erzählt von seinem Beruf:
„Eigentlich bin ich gelernter Bäcker. Die Arbeit mit Menschen finde ich aber interessanter. Deshalb wurde ich Altenpfleger. Heute arbeite ich in einem Wohnheim für ältere Menschen.

So sieht mein Arbeitstag aus:

7.00 Uhr	Um sieben Uhr beginnt mein Dienst. Der Nachtpfleger berichtet mir, ob es während der Nacht besondere Vorfälle gab. Anschließend versorge ich zusammen mit meinen Kolleginnen und Kollegen die Heimbewohner. Zuerst fragen wir sie, ob sie aufstehen und frühstücken wollen. Ich helfe ihnen beim Waschen, Anziehen und Rasieren. Wir reden miteinander und ich verteile das Frühstück und die Medikamente.
9.00 Uhr	Um neun Uhr habe ich Pause. Mit meinen Kolleginnen und Kollegen treffe ich mich im Speisesaal.
9.30 Uhr	Hier besprechen wir auch anschließend, welche Arbeiten erledigt werden müssen. Mit einigen Bewohnern gehe ich in den Garten. Wenn die Zeit dafür reicht, lese ich ihnen etwas vor oder spiele mit ihnen ein Spiel.
12.00 Uhr	Um zwölf Uhr gibt es Mittagessen. Wir helfen den Bewohnern in den Speisesaal zu kommen. Dort verteilen wir das Essen. Einige können nicht alleine essen und wir reichen ihnen die Mahlzeit. Anderen bringen wir das Essen auf ihr Zimmer. Nach dem Essen helfen wir den Bewohnern zum Mittagsschlaf ins Bett zu gehen.
13.00 Uhr	Um dreizehn Uhr ist Dienstübergabe an die Spätschicht. Ich habe immer abwechselnd Frühschicht und Spätschicht.
14.00 Uhr	Um vierzehn Uhr schreibe ich auf, was ich an diesem Tag gemacht habe."

Arbeitsplätze in Mannheim

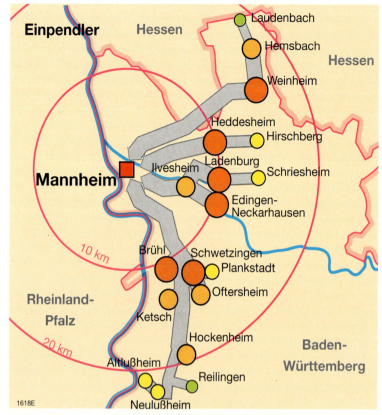

Einzugsbereich der Mitarbeiter der BASF

Seit 1877 baute Carl Benz in Mannheim Motoren. Hier gründete er 1882 seine Gasmotorenfabrik Mannheim. Bis heute hat sich um Mannheim und Ludwigshafen ein großes Industriegebiet entwickelt.
Die guten Verkehrsverbindungen im Rheintal und der Rhein selbst als Wasserstraße bieten dafür günstige Voraussetzungen.

Heute schaffen zahlreiche Straßen und Autobahnen sowie mehrere Bahnlinien gute Verbindungen in alle Himmelsrichtungen.
Die drei Bundesländer Baden-Württemberg, Hessen und Rheinland-Pfalz haben Anteil an dieser Region. Neben vielen anderen Betrieben bieten auch die Mannheimer Motorenwerke für zahlreiche Pendler Arbeitsplätze.
In Ludwigshafen, auf der anderen Seite des Rheins, wurde die Badische Anilin- und Soda-Fabrik AG, die BASF, gegründet. Hier und in vielen Ländern der Welt werden von der BASF zahlreiche chemische Produkte hergestellt.

Wege zur Arbeit

Viele Eltern fahren täglich weite Strecken zur Arbeit.
Stellt fest, wo eure Eltern arbeiten.
Ihr könnt eine Landkarte aufhängen,
die Strecken eurer Eltern zu ihren Arbeitsplätzen
einzeichnen und ihre Wege vergleichen.

Wir wohnen in Mannheim.
Meine Schwester hat jetzt
einen Ausbildungsplatz
bei einer großen Versicherung
bekommen. Ein riesiges Gebäude.
Alles Glas und Metall.
Mir wäre das zu glatt und zu kalt.
Aber meine Schwester ist froh,
dass sie die Stelle
bekommen hat.

Mein Vater hat gerade seine Arbeitsstelle verloren.
Über zweihundert Mitarbeitern hat man gekündigt!
Der Betrieb fertigt Autozubehör für Opel.
Da weniger Autos gekauft werden, brauchen sie
jetzt nicht mehr so viele Leute.
Mein Vater ist zur Zeit ziemlich schlecht gelaunt.
Das drückt auf die Stimmung in der ganzen Familie!

Wir wohnen bei Weinheim in Hessen.
Mein Vater fährt mit der OEG,
das ist die Oberrheinische Eisenbahn-
Gesellschaft, nach Mannheim.
Meine Mutter arbeitet in Darmstadt.
Sie fährt mit dem Verkehrsverbund
dorthin.

Wir wohnen in Ladenburg.
Mein Vater ist LKW-Fahrer in Mannheim.
Das ist ziemlich anstrengend, dauernd
im Verkehr dieser Großstadt herumzukurven.
Manchmal ist er mit den Nerven ziemlich fertig.

Wir wohnen in Schwetzingen.
Meine Mutter arbeitet bei der BASF.
Täglich ist sie zwei Stunden unterwegs.
Aber die Verbindungen sind gut!

Aus der Geschichte

Dort, wo heute große Städte sind, gab es
vor langer Zeit nur Flüsse und Urwald.
Die Menschen lebten an den Ufern der Flüsse.
In den Wäldern sammelten sie Beeren und Pilze.
Sie stellten Fallen auf und jagten Tiere.
Auf der Suche nach Nahrung zogen sie umher.

Als die Menschen lernten Tiere zu halten
und Getreide anzubauen wurden sie sesshaft.
Sie rodeten Wälder und errichteten Hütten zum Wohnen.
Auf den freien Flächen legten sie Weiden und Äcker an.
Sie lebten in Stämmen oder Großfamilien zusammen.
Die Bewohner der einzelnen Dörfer und Hütten
tauschten Waren miteinander aus.
Dazu legten sie Pfade und Wege an.
Esel, Pferde und einfache Boote
transportierten Menschen und Lasten.

Menschen verändern die Landschaft

Die Bauern verbesserten ihre Anbaumethoden
und bauten ihre Hütten zu großen Höfen aus.
In ihrer Nähe siedelten sich Knechte und Helfer,
Handwerker und Händler an.
So wuchsen langsam kleine Ortschaften.

Die Wälder wurden zu Äckern und Randgebiete
der Wälder zu Weideland.
Immer mehr Menschen brauchten immer mehr Platz.
Viele Dörfer wuchsen zu Städten, an deren Rändern
Fabriken entstanden. In ihrer Nähe siedelten sich
Arbeiter an. So wurden die Städte immer größer.

Wie werden wir die Landschaft, die Dörfer
und die Städte weiter verändern?

Steinzeit

Gegen Ende der Steinzeit veränderte sich das Klima.
Es wurde wärmer, die letzte Eiszeit ging zu Ende.
Auch das Leben der Menschen veränderte sich.
Bisher waren die Menschen umhergezogen,
sie hatten Tiere gejagt und Früchte und Samen gesammelt.
Nun blieben sie für längere Zeit an einem Ort.
Sie säten den nahrhaften Samen einiger Graspflanzen aus
und ernteten die Ähren. Die reifen Ähren schnitten sie mit
Sicheln ab und droschen die Körner aus den Ähren.
Danach wurden die Körner gereinigt und auf einem Stein
zu grobem Mehl zerrieben.
Da die Steinzeitmenschen nun nicht mehr ständig
umherzogen, bauten sie sich feste Häuser.

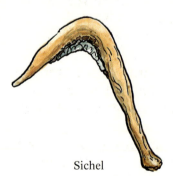

Sichel

An vielen Stellen im Land kann man Spuren
dieser ersten Bauern finden. Auch bei Ehrenstein,
nicht weit von Ulm, entdeckte man die Hausgrundrisse
einer Bauernsiedlung.
Am Bodensee und an den kleinen Seen im Oberland
sind die Lebensspuren der Steinzeitmenschen
im feuchten Boden besonders gut erhalten.
Bei Ausgrabungen wurden aus Baumbast geflochtene
Netze und Mützen, Werkzeuge aus Feuerstein,
Gefäße aus Ton und Holz, Reste von Getreide
und die Pfosten vieler Häuser gefunden.

Menschen sind Erfinder

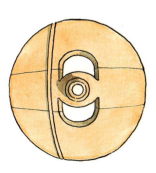

Grabstock

Dreiteiliges Rad aus Holz

Der Anbau von Getreide war sehr mühsam.
Zuerst rodeten die Bauern alle Bäume und Büsche
auf den Flächen, die Ackerland werden sollten.
Das Holz nutzten sie für den Hausbau
oder als Brennholz.
Dann brachten sie den Samen in die gelockerte Erde.
Mit einer einfachen Hacke aus Holz oder einem Geweih
konnten die Bauern den Boden nur aufritzen.
Sie fanden jedoch heraus, wie sie ihre Arbeit verbessern
und erleichtern konnten: Sie spannten Rinder
vor einen Hakenpflug und zogen mit ihrer Hilfe
tiefe Furchen in den Boden.
Die Bauern konnten jetzt reichere Ernten einbringen.
Sie lagerten die Körner in großen Tongefäßen und
behielten einen Teil davon für die nächste Aussaat zurück.

Auch eine andere Erfindung, die in unserem Leben noch
eine Rolle spielt, hat den Bauern das Leben erleichtert.
Geschichtsforscher fanden an einigen Stellen
im feuchten Moor Räder, die sehr geschickt
aus drei Teilen zusammengesetzt waren.
Wagen, die von Rindern oder Pferden gezogen wurden,
machten so den Transport schwerer Lasten möglich.
Für den Hausbau konnten jetzt Baumstämme
von weiter her geholt werden.

Die Römer in unserem Land

Modell
des römischen Kastells Aalen:

1 Versammlungshaus
2 Stabsgebäude (Verwaltung)
3 Wohnhaus des Präfekten
4 Mannschaftsunterkünfte
5 Lagertore
6 Wachtürme
7 Magazine (Lager)

Zuerst war Rom, wie andere Städte auch,
eine frühe Großstadt. Mit einer gut organisierten Armee
unterwarfen die Römer nach und nach einen großen Teil
der Länder am Mittelmeer.
Vor etwa 2 000 Jahren überquerten sie mit ihren Heeren
die Alpen. Etwa 100 Jahre reichte ihre Herrschaft
bis zum heutigen England.

Im eroberten Land bauten die Römer Kastelle. Sie wurden
nach einer festen Ordnung in verschiedenen Größen
angelegt. Diese befestigten Orte dienten den Soldaten
als Unterkunft und Schutz.
Um das Kastell entstand oft ein Kastelldorf. Hier wohnten
die Familien der Soldaten, Händler und Handwerker.
Dass die Römer gut zu leben wussten, zeigen die Reste
der Getreidespeicher, Badehäuser und Werkstätten
in den ausgegrabenen Kastellen und Kastelldörfern.

In Baden-Württemberg wurden die Reste
vieler Kastelle gefunden. Bei Aalen legte man Teile
eines Reiterkastells frei. Sie waren mit Erde bedeckt
und sind noch gut erhalten. Die Forscher fanden
bei ihren Ausgrabungen viele Gegenstände
aus der Zeit der Römer.
Sie sind im Limesmuseum Aalen ausgestellt.
Neben den Spuren der Kastelle finden sich auch Reste
großer Gutshöfe.

Schuhe eines römischen
Legionärs (Soldaten)

Der Limes – eine Grenzbefestigung

Handel am rätischen Limes

Das Wort **Limes** bedeutete ursprünglich Weg, Schneise oder Besitzgrenze.
Erst später bezeichnete man so die Grenze zwischen Germanien und dem Römischen Reich.

Zum Schutz und zur Kontrolle der eroberten Gebiete bauten die Römer einen befestigten Grenzwall, den Limes. Spuren dieser Befestigung kann man auch heute noch an vielen Stellen des Landes erkennen.
Wachtürme erleichterten den römischen Legionären die Überwachung der Grenze. Mit Fanfaren und Feuersignalen konnten sie Nachrichten von Turm zu Turm weitergeben.

Am Anfang war der Limes nur ein Postenweg mit Holzwachtürmen. Nach und nach wurde dieser Weg zu einer Befestigung ausgebaut.
Es gab zwei Bauweisen der Grenzbefestigung:
Vor dem Wall des **obergermanischen Limes** wurden Pfähle dicht nebeneinander in den Boden eingegraben. Diese Art der Befestigung nennt man Palisade.
Der **rätische Limes** bestand aus einer durchgehenden Steinmauer.
Bei Lorch, nicht weit von Schwäbisch Gmünd, trafen diese beiden Limesbefestigungen aufeinander.

Obergermanischer Limes

In Friedenszeiten öffneten die Römer ihre Grenze. Die Germanen kamen dann in die Kastelldörfer, tauschten Waren und ließen sich von römischen Ärzten behandeln.

59

Legionäre

Römischer Legionär, germanischer Krieger

Ausrüstung eines
römischen Legionärs:
Eisen- oder Bronzehelm,
Kettenpanzer,
Schild mit Beschlägen,
Wurfspeer,
Schwert,
Lederstreifen

Die Römer hatten ihr Reich von Afrika bis ins heutige Nordengland ausgeweitet.
Zum Aufbau und zur Sicherung dieses riesigen Reiches setzten sie viele Soldaten ein. Diese wurden in den römischen Legionen, das sind große Militäreinheiten, als Fußtruppen, Reiter, Schiffsbesatzungen, Bausoldaten oder Handwerker gut ausgebildet.
Wenn ein junger Mann Legionär werden wollte, musste er mindestens 20 Jahre alt und unverheiratet sein.
Er sollte 1,65 Meter groß und kräftig gebaut sein.
Seine Grundausbildung dauerte vier Monate. In dieser Zeit lernte er mit Waffen umzugehen und machte lange Märsche mit seiner ganzen Ausrüstung, die 48 Kilogramm wog.
Er machte auch Erfahrungen bei Schanzarbeiten und beim Straßenbau.

Die Legionäre wohnten in Zeltlagern oder Kastellen.
Sie wurden dort mit Fleisch, Gemüse und Obst beliefert und kochten sich ihre Mahlzeiten selbst. Das Brot wurde in Backöfen für die ganze Kastellbesatzung gebacken.
Legionäre, die lesen, rechnen und schreiben konnten, hatten die Möglichkeit in der Rangordnung aufzusteigen und eine Einheit zu führen. Nach 25 Jahren wurden die Legionäre in der Regel wieder aus der Legion entlassen.

Straßen im Römischen Reich

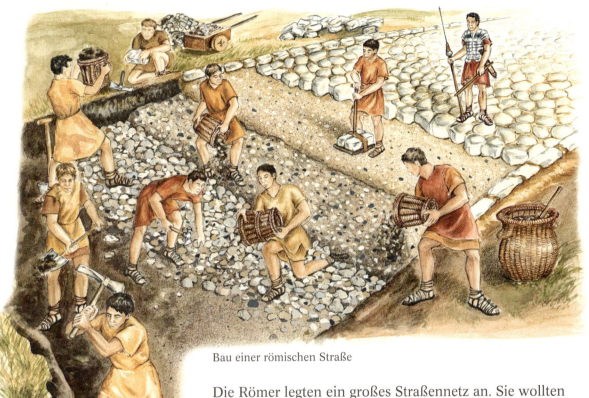

Bau einer römischen Straße

Die Römer legten ein großes Straßennetz an. Sie wollten ihre Truppen schnell im ganzen Reich bewegen können, wenn Grenzen verteidigt werden mussten.
Zunächst wurde der Verlauf der Straßen genau vermessen und ihr Untergrund vorbereitet.
Auf Schotter verlegten dann Soldaten und Gefangene schwere Steinplatten und behauene Steine.
Diese Straßen waren zuverlässiger als die unbefestigten Wege, die sich bei Regen, Schnee und Eis immer wieder in Schlamm- und Rutschbahnen verwandelten.
Gute Straßen waren nicht nur für die Soldaten notwendig, sondern auch für die vielen berittenen Boten, die eilig wichtige Nachrichten überbringen mussten und dabei oft lange Strecken zurücklegten. Natürlich wurden die neuen Straßen auch von Händlern genutzt. Sie konnten jetzt ihre Ware schnell und sicher von einem Markt zum anderen transportieren.

Kaiserlicher Postwagen

Burgen

Burganlage Hohenbaden

Kelten: ein Volk, das bis in die Zeit der Römer in Süddeutschland und in der Schweiz lebte

Mittelalter: Zeit vor der Neuzeit, 500 - 1 500 nach Christus

Frondienst: unbezahlte Arbeit unabhängiger Personen

Schon am Ende der Steinzeit waren einige Dörfer durch einen Graben und eine Palisade geschützt. Die Kelten befestigten in unserem Land mehrere Berge mit starken Mauern. Später entstanden Burgen auf Bergkuppen, auf Felsen oder in Flussgabelungen. Von hier aus konnte man das Umland gut überblicken. Die Burgherren sicherten mit ihren Burgen Handelsstraßen und Flussübergänge. Im Mittelalter gab es in deutschen Landen ungefähr 19 000 Burgen, von denen heute noch etwa 6 000 erhalten sind. In den Burgen wurden tiefe Brunnen, Wasserspeicher, Werkstätten, Ställe und Vorratsgebäude angelegt. Zu vielen Burgen gehörte eine Burgsiedlung. Ihre Bewohner konnten bei Gefahr in die Burg fliehen. Dafür mussten sie Arbeitsdienste leisten und an bestimmten Tagen Abgaben zur Burg hinaufbringen.

Viele Burgherren herrschten auch über die Dörfer der Umgebung. Die Bauern dieser Dörfer waren ebenfalls zu Abgaben verpflichtet und mussten Frondienste leisten. Da konnte es schon einmal vorkommen, dass sie der Burgherr mitten in der Ernte als Treiber für die Jagd in die Pflicht nahm. Wollte ein junger Bauer heiraten oder einen Acker verkaufen, so musste er seinen Burgherrn um Erlaubnis bitten.

Obwohl Burgen sehr unterschiedlich aussehen können, gibt es bestimmte Bauteile und Gebäude, die in allen Burgen zu finden sind:

Die Burg ist von der Ringmauer (1) eingeschlossen. Über sie führt der Wehrgang (2).
An der Außenseite der Mauer sind Pechnasen (3) angebracht. Durch sie kann heißes Pech auf die Angreifer geschüttet werden.
In die Burg kann man nur über die Zugbrücke (4) gelangen, die über den Burggraben (5) führt. Droht Gefahr, wird sie hochgezogen und versperrt den Eingang. Oft liegt hinter der Zugbrücke eine zweite Mauer, die mit der Ringmauer den sogenannten Zwinger (6) bildet.
Können die Angreifer Zugbrücke und Zwinger überwinden, so suchen die Bewohner der Burg Zuflucht im Bergfried (7). Dies ist der größte und stärkste Turm der Burg. Meist führen von hier Geheimgänge ins Freie.
In Friedenszeiten lebt der Burgherr mit seiner Familie im Palas (8), dem Wohnhaus der Burg. Die Ställe (9) und Wirtschaftsgebäude (10) sind um den Hof angeordnet.
Die Kemenate (11), das Frauenhaus, ist oft das einzige beheizbare Gebäude der Burg.

Frauen auf der Burg

Küche einer Burg im 17. Jahrhundert

Vornehmes Paar

Viele Mädchen aus den umliegenden Dörfern dienten als Dienstmädchen auf der Burg. Die Mägde halfen im Herbst beim Schlachten, wenn das Fleisch eingesalzen und geräuchert wurde. Sie hobelten das Kraut und legten es in großen Fässern ein. Äpfel und Birnen lagerten in den tiefen Kellern. Am Backtag wurden viele große Laibe Brot gebacken. Bei Festen gab es sogar Kuchen.
Die Arbeit in der Küche war schwer und dauerte manchmal bis tief in die Nacht.
Auch in der Spinnstube und am Webstuhl gab es für die Dienstmädchen immer viel zu tun. Wer sollte sonst die Wolle spinnen und die Leinentücher weben?

Gehörte ein Mädchen zur Familie oder zur Verwandtschaft des Burgherren, wurde es durch eine besondere Erziehung auf seine späteren Aufgaben vorbereitet.
Die Mädchen übten sich in vornehmen Umgangsformen und höfischem Benehmen. Sie lernten lesen und ein Instrument spielen. Als Burgherrin sollten sie später dem Haushalt einer großen Burg vorstehen können. Dazu gehörte, dass sie sich um Kranke kümmerten und die Dienstmädchen beim Spinnen und Weben anleiteten. Wenn der Burgherr bei einem Angriff auf die Burg nicht in der Burg war, musste die Burgherrin die Verteidigung organisieren. Das war keine leichte Aufgabe.

Handwerker

Wenn eine Burg neu gebaut oder wiederhergestellt werden sollte, mussten die Handwerker und Bauern aus der Umgebung Frondienste leisten.
In den Steinbrüchen wurden die Bausteine gebrochen und mit Fuhrwerken zur Burg gebracht.
Steinmetze richteten die Steine.
Die Arbeit der Maurer war auf den steilen Felsen und an den hohen Mauern schwer und gefährlich.
Zimmerleute beschlugen die Stämme für die Balken und bauten die Dächer der Wohnhäuser, Scheunen und Wehrgänge.

richten: aus gebrochenen Steinen geformte Steine herstellen

Waren die Gebäude fertig gestellt, gab es viele andere Arbeiten in der Burg zu erledigen. Die Schreiner zum Beispiel bauten Tische, Bänke, Schränke und Truhen.
Das Zaumzeug der Pferde, Riemen, Sättel, lederne Kittel und Hosen für die Reiter wurden vom Sattler gearbeitet.

Der Waffenschmied formte aus glühendem Stahl die Waffen und Geräte für die Kämpfer und Jäger.
Eine Rüstung herzustellen war eine besondere Kunst.
Sie wurde nach Maß angefertigt und entstand aus hartem Metall Teil für Teil unter den geschickten Händen des Schmieds. Gelenke und Hemden aus feinen Ketten sorgten dafür, dass sich der Ritter in diesem Panzer bewegen konnte.

Kettenhemdmacher

Feuer

Der Mensch hat gelernt mit dem Feuer umzugehen und es auf verschiedene Weise zu nutzen.

Feuer machen

Bei den Steinzeitmenschen war die Feuerstelle
der Mittelpunkt des Lagerlebens.
Das Feuer schützte vor wilden Tieren
und es diente der Zubereitung von Nahrung.
Es spendete Licht und Wärme.
Auch bei der Jagd nutzten die Menschen das Feuer.
Durch gezielt gelegte Brände trieben die Jäger
das Wild in einen Hinterhalt.

Um ein Feuer zu entfachen benötigten
die Steinzeitmenschen die folgenden Gegenstände
aus der Natur:
- einen Feuerstein zum Schlagen,
- eine Pyritknolle für den Funken,
- ein aus trockener Birkenrinde gerolltes Röhrchen
  für den glimmenden Zunder und
- einen Zunderschwamm (Pilz) zum Auffangen
  der Funken.

Pyritknolle: Gestein aus
gelb glänzenden Kristallen

So könnte es gewesen sein:
Zuerst schnitten die Steinzeitmenschen einen schmalen
Streifen vom Pilz ab. Nachdem sie diesen Streifen
getrocknet hatten, legten sie ihn auf den Boden.
Nun schlugen sie mit dem Feuerstein an der Pyritknolle
herunter, bis sich ein Funke in den Zunderschwamm setzte
und zu glimmen begann. Diesen glimmenden Zunder
steckten sie in das Birkenrindenröhrchen und bliesen
vorsichtig so lange hinein, bis sich die Rinde entzündete.

67

Wie der Mensch das Feuer nutzt

Licht

Wärme

Umformung

69

Wie ein Feuer entsteht

Ein Feuer kann nur entstehen, wenn drei Bedingungen gleichzeitig erfüllt sind:

Damit ein Feuer entstehen kann, muss **brennbares Material** vorhanden sein.

- Das kann ein fester Stoff sein, wie zum Beispiel Papier oder Holz.

- Auch einige flüssige Stoffe können brennen: Benzin, Dieselöl oder Spiritus.

- Brennbare gasförmige Stoffe nutzen wir auf mehrfache Weise. Im Gasherd und in der Gasheizung wird Gas verbrannt.

Sauerstoff ist ein Teil der Luft.
Ohne Sauerstoff kann kein Feuer brennen.

Trockenes Holz entzündet sich bei etwa 300 Grad.

Jedes brennbare Material benötigt eine bestimmte **Temperatur** um zu brennen. Manchmal genügt schon ein einziger Funke zur Entstehung eines Brandes.

Wenn eine dieser drei Bedingungen fehlt, erlischt das Feuer.

Wie ein Feuer gelöscht wird

Löschwasser kühlt das brennende Material ab.
Es hört auf zu brennen.
Die Temperatur reicht für eine Verbrennung
nicht mehr aus.

Die Feuerwehr löscht Brände auch mit Schaum.
Der Schaum bedeckt das Feuer
und lässt keinen Sauerstoff mehr an die Flammen.
Die Flammen ersticken.
Das Gleiche passiert, wenn ein Glas
über eine brennende Kerze gestülpt wird.

Elektrischer Strom

Wir nutzen den elektrischen Strom um Licht, Bewegung, Wärme und Kälte zu erzeugen. Heute können wir uns ein Leben ohne elektrischen Strom nicht mehr vorstellen.

Sicherer Umgang mit elektrischem Strom

Hast du auch die Sicherung ausgeschaltet?

Bevor eine Glühlampe ausgewechselt wird, muss der Strom ausgeschaltet sein.

An den meisten Lichtschaltern ist nicht zu erkennen, ob sie ein- oder ausgeschaltet sind.

Deshalb muss man immer die Sicherung ausschalten.

Vorsicht! Elektrischer Strom kann lebensgefährlich sein!

Bringe nie elektrische Geräte mit Wasser in Berührung!
Benutze nie einen Föhn in der Badewanne,
denn Wasser leitet den elektrischen Strom!

Sei vorsichtig bei beschädigten Leitungen.
Eine Berührung kann lebensgefährlich sein!

Einige Materialien leiten den elektrischen Strom gut.
Andere Materialien kann man zur Isolierung nutzen.

In diesem Kabel stecken drei Kupferdrähte.
Sie leiten den elektrischen Strom. Die bunten Hüllen
sind aus Kunststoff. Sie isolieren die Drähte gegeneinander.
Die weiße Außenhülle hält die Drähte zusammen
und schützt vor einem Stromschlag.

Wie wird der elektrische Strom erzeugt?

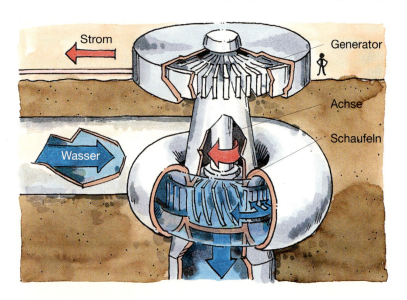

Turbine: großes Flügelrad

Den elektrischen Strom für die Lampe
an deinem Fahrrad kannst du selbst erzeugen.
Du brauchst dazu einen Dynamo und deine Muskelkraft.
Der elektrische Strom für die privaten Haushalte,
die Industrie und das öffentliche Leben
wird in Elektrizitätswerken erzeugt.
Dort treiben Turbinen Dynamos an,
die im Kraftwerk Generatoren genannt werden.
Zum Antrieb einer Turbine benötigt man Energie.
Sie wird auf unterschiedliche Weise gewonnen.
In Heizkraftwerken werden Kohle, Öl oder Gas
verbrannt. Durch die Hitze wird Wasserdampf
erzeugt, der dann eine Turbine antreibt.
Auch in Atomkraftwerken wird Wasser verdampft.
Hier entsteht die Wärme durch Atomkernspaltung.

Wenn in einem Elektrizitätswerk Kohle, Öl
oder Gas verbrannt werden, entstehen Gase.
Einige dieser Gase schaden unserer Umwelt.
Deshalb werden Filter in die Schornsteine
der Kraftwerke eingebaut.
Sie sollen die Schadstoffe aus den Abgasen
herausfiltern. Trotzdem gelangen immer noch
einige schädliche Stoffe in die Luft.
Bei der Stromerzeugung in Atomkraftwerken
entstehen keine umweltgefährdenden Gase.
Durch einen Schaden in der Anlage
kann jedoch Radioaktivität austreten.
Das hat verheerende Folgen.

Energie sparen

Ein Haus heizen, ein elektrisches Gerät benutzen,
mit dem Auto fahren, ein Produkt herstellen –
immer verbrauchen wir dabei Energie.
Der größte Teil dieser Energie wird heute aus Kohle,
Erdöl und Erdgas gewonnen.
Da die Vorräte dieser Energiequellen begrenzt sind,
müssen wir alle verantwortungsvoll mit Energie umgehen.

Bei geöffnetem Fenster heizen,
den Fernseher oder Kassettenrekorder laufen lassen,
wenn man aus dem Raum geht,
grelles Licht in allen Zimmern,
den Motor des Autos vor geschlossener Bahnschranke
laufen lassen und ... und ... und ... .
Das muss nicht sein!

Energien, die sich erneuern

Kohle, Öl und Gas sind vor vielen Millionen Jahren entstanden. Man kann die Energie, die in ihnen steckt, nur einmal nutzen. Damit die Vorräte der Erde nicht zu schnell verbraucht werden, nutzt man heute zusätzlich möglichst oft Energien, die sich immer wieder erneuern. Dazu gehören hauptsächlich die Windenergie, die Wasserenergie und die Sonnenenergie.

Für Windkraftanlagen und Wasserkraftanlagen benötigt man geeignete Standorte.
Auf Bergkuppen und am Meer werden schlanke Türme aufgebaut. Wenn der Wind die Rotoren dreht, wird elektrische Energie gewonnen.
Für Wasserkraftwerke sind schnell fließende Flüsse oder Staudämme erforderlich. Die meisten Flüsse in Europa, an denen man ein Wasserkraftwerk bauen kann, werden dafür schon genutzt.

Auch im Sonnenlicht steckt sehr viel Energie.
Sie kann auf verschiedene Weise genutzt werden.
Die Sonne erzeugt Strom in Solarzellen
oder warmes Wasser in Sonnenkollektoren.
Außerdem lässt sie Pflanzen wachsen,
aus denen wir Energie gewinnen können.
Oft verwertet man auch ein pflanzliches Produkt
wie Öl aus Sonnenblumen oder aus Raps.

Windkraftanlage

Raps als Energiepflanze

In Deutschland wird viel Raps
zur Energiegewinnung angebaut.
Nach der Ernte werden die Körner ausgepresst.
Man erhält so Öl und Schrot.

Schrot: gepresste Rapskörner

Aus dem Rapsöl kann man in speziellen Fabriken
Biodiesel herstellen, der ein Auto
oder eine Turbine im Kraftwerk antreibt.

Das Schrot ist ein gutes Futtermittel
für Tiere. Während die Tiere wachsen,
produzieren sie Mist oder Gülle.
Beides ist Dünger für neue
Rapspflanzen.
Das Stroh der Rapspflanzen
kann in Heizkraftwerken verbrannt
werden. Die übrig bleibende Asche
ist wie Gülle oder Mist ebenfalls
ein guter Dünger.

Das Wichtigste für das Gedeihen
der Rapspflanzen sind Sonne und Regen.
Sie stehen fast unbegrenzt
zur Verfügung.

Rapskreislauf

Pflanzen

Aus den Blüten der Pflanzen entstehen jedes Jahr
unendliche Mengen Samen.
Der Samen der Pflanzen ist sehr unterschiedlich gebaut.
Er kann sich weit verbreiten und fast überall wachsen.
Es ist erstaunlich, wo überall Samen keimen
und zu kleinen Pflänzchen werden.

Pflanzen verbreiten sich

Samenkapsel des Storchschnabels

Wenn der Samen des Storchschnabels reif ist, platzt die Samenkapsel bei der kleinsten Berührung auf und schleudert ihn weg. Wird die Kapsel von niemandem berührt, springt sie auf, wenn sie sehr trocken ist.

Einige Pflanzen haben klebrigen Samen. Er bleibt am Fell von Tieren hängen. Andere Pflanzen haben Samen mit kleinen gebogenen Häkchen. Irgendwo wird er abgestreift und eine neue Pflanze beginnt zu wachsen. Vielleicht hast du auf diese Weise auch schon Samen verbreitet.

Klettenfrucht der Großen Klette

Eichhörnchen und Mäuse legen Vorratskammern für den Winter an. Oft finden sie aber nicht alle versteckten Früchte wieder. Auf diese Weise sind schon viele Eichen und Haselnusssträucher aus den Vorratskammern herausgewachsen.

Waldmaus mit Wintervorräten

Vögel mögen Kirschen und Beeren genau so gerne wie wir. Sie verdauen nur das Fruchtfleisch. Den Samen oder die Kerne scheiden sie mit dem Kot aus. So gedeiht irgendwo eine neue Pflanze.

Die Mistel ist eine Pflanze, die auf Bäumen lebt. Ihre Samen sind sehr klebrig. Die Drossel wetzt sich ihren Schnabel an einem Ast um den klebrigen Samen loszuwerden – und dann?

Wacholderdrossel frisst Beeren vom Sanddorn.

Aus einem werden viele

Die meisten Pflanzen entwickeln sich
aus Samen. Dazu gehört auch
die Sonnenblume.
Sonnenblumenkerne werden
in die Erde gelegt und keimen.
Es wachsen junge Pflanzen, die
blühen und wieder neuen Samen bilden.
Ihr könnt es ausprobieren:
Legt die Sonnenblumenkerne einzeln
in Blumentöpfe, die nicht ganz mit Erde
gefüllt sind.
Bedeckt die Kerne etwa zwei
Zentimeter mit Erde und gießt sie.

Mitte Mai friert es nachts im Garten nicht mehr.
Dann können Sonnenblumen auch im Schulgarten ausgesät werden.
Legt die Sonnenblumenkerne in eine Reihe.
Haltet zwischen den Samen zehn Zentimeter Abstand und bedeckt sie
mit Erde. Später könnt ihr die schwächsten Pflanzen herausziehen.

Vor den Sommerferien müssen die Sonnenblumen angebunden werden.
Bindet die Blumenstiele möglichst weit oben an, damit der Wind
sie nicht abbricht. In den Sommerferien braucht ihr nicht zu gießen.
Sonnenblumen können eine ganze Weile ohne Wasser auskommen.

Beobachte deine Sonnenblume
jeden Tag.
Vielleicht schreibst du
ihre Entwicklung
in einem Tagebuch auf.

Wenn sich die Meisen
die ersten Kerne holen,
sind die Sonnenblumenkerne
bald ausgereift.

Jetzt kannst du die große Blütenscheibe mit den Samen
abschneiden.
Lege sie zum Trocknen auf eine Fensterbank.
Nach zwei Wochen kannst du die Kerne herauslösen.
Sonnenblumenkerne enthalten viel Fett.
Daraus werden Speiseöl und Margarine hergestellt.

Pflanzen vermehren

Vermehrung durch oberirdische Ausläufer

Erdbeeren bilden Ausläufer, die auf der Erde entlangwachsen. Sie bewurzeln sich in einigem Abstand zur Mutterpflanze. Eine junge Pflanze beginnt zu wachsen. Sie ist selbstständig, wenn der Zwischenteil abgetrennt wird oder abstirbt.

Vermehrung durch Ableger

Sträucher wie die Himbeere, die Brombeere oder der Ginster haben lange biegsame Ruten. Man kann sie vermehren, indem man diese Ruten in die feuchte, angehäufelte Erde drückt. Wenn sich an diesen Stellen kleine Wurzeln gebildet haben, trennt man die Jungpflanze von der Mutterpflanze ab.

Vermehrung durch Kopfstecklinge

Zur Vermehrung der Buntnessel schneidet man ihr im Frühjahr eine Sprossspitze mit mindestens drei Blättern ab.
Zur Wurzelbildung wird der Stängel in ein Glas mit Wasser gestellt.
Hat der Steckling im Wasser Wurzeln geschlagen, wird er in einen Blumentopf mit Erde gepflanzt.

Vermehrung durch Blattstecklinge

Besonders erstaunlich ist, wie man Blattbegonien vermehren kann.
Vorsichtig werden an einem Blatt mehrere Adern durchgeschnitten. Dann legt man das Blatt auf eine Schale mit einem Gemisch aus Erde und Sand und drückt es mit kleinen Steinchen an die Erde.
An den Schnittstellen beginnen kleine Pflänzchen zu wachsen. Sie gedeihen besonders gut, wenn man ein kleines Gewächshaus darüber baut.

Der Kirschbaum im Jahreslauf

Winter

Im Winter sind die Äste und Zweige des Kirschbaumes kahl. Wenn man ganz genau hinschaut, kann man an den Zweigen schon kleine Knospen entdecken. In ihnen sind die künftigen Blätter und Blüten angelegt.

Frühling

Wenn im Frühling die Sonne wieder warm scheint, öffnen sich die Knospen. Die Blätter und die weißen duftenden Blüten kommen zum Vorschein. Sie locken Insekten an. Bei ihrer Nahrungssuche kriechen sie in die Blüten hinein und bestäuben sie dabei.

Sommer

Im Sommer vertrocknen die meisten Teile der Blüte
und fallen ab. Nur der kleine grüne Fruchtknoten bleibt
erhalten und wächst weiter. Er verliert seine grüne Farbe
und wird zu einer roten Kirsche.
Im Innern der Kirsche steckt der Kern mit dem Samen.

Herbst

Im Herbst sinkt die Temperatur, die Tage werden kürzer.
Jetzt stellen die Bäume ihr Wachstum ein. Sie ziehen
Nährstoffe aus den Blättern in den Stamm zurück.
Deshalb färben sich die Blätter gelb und rot.
Sie trocknen aus und fallen ab.

Die Streuobstwiese

Streuobstwiese

„Opa, was ist eine Streuobstwiese?"
„Eine Streuobstwiese? Lass mal das Bild sehen.
Ach so, du meinst den Obstgarten hinter dem Haus
oder das Obstgütle draußen am Hang über den Wiesen."
„Wer hat unseren Obstgarten gemacht?"
„Machen kann man den nicht. Mein Großvater hat
damals vor über achtzig Jahren das Haus gebaut
und gleich danach die ersten Apfelbäume gesetzt."
„Dann sind die Bäume ja auch achtzig Jahre alt?"
„Ja, einige schon. Der Apfelbaum bei der Scheune und
der große Birnbaum im Eck, die müssen fast so alt sein."
„Aber da stehen doch auch junge Bäume und da
gibt es auch Mirabellen und Kirschen und Zwetschgen."
„Und zwei Nussbäume gibt es auch. Mein Großvater,
mein Vater und ich, wir haben immer wieder neue Bäume
gepflanzt. Wenn ein Baum nicht mehr getragen hat
oder wenn der Wind ihn umgeworfen hat,
dann haben wir junge Bäume gepflanzt."
„Darf ich auch Bäume pflanzen?"
„Du **sollst** Bäume pflanzen. Denk doch, wie gut
die schmecken, die ersten Kirschen im Juni, die Äpfel
aus dem Keller im Winter und der eigene Most."
„Aber heute kann man doch das Obst überall kaufen!"
„Damals war das nicht so und eigenes Obst schmeckt
einfach besser."

Obstplantage

Plantage:
große Anpflanzungsfläche
mit gleichen Bäumen

In der Streuobstwiese stehen die Bäume weit verstreut.
Daher hat die Wiese ihren Namen.
Das Gras unter den Bäumen wird erst Ende Juni gemäht.
Deshalb können hier viele selten gewordene Pflanzen
wachsen, blühen und ihren Samen ausstreuen.
Auch viele seltene Vögel finden in der Streuobstwiese
Nahrung und Platz für ihre Nester.
Sie bauen sie am Boden zwischen den Grasbüscheln,
in Baumhöhlen, oben in den Astgabeln oder ganz außen
auf den Zweigen.
Die Bäume werden kaum gedüngt. Sie müssen auch
nicht gespritzt werden, obwohl sich Raupen und Insekten
von ihren Blättern ernähren. Die vielen Vögel sind
vom frühen Morgen bis zum späten Abend auf der Suche
nach Maden, Raupen und Blattläusen. Diese finden sie
in den großen Blätterkronen, in der rissigen Rinde
und am Boden. Weil nicht gespritzt wird,
wenn die Bäume blühen, können auch die Bienen
und Hummeln ohne Gefahr die Blüten besuchen.
Sie sammeln Futter für sich und ihre Brut.

In einem Obstgarten wurden 55 verschiedene
Vogelarten, 25 Arten Tag- und Nachtschmetterlinge
und 113 Käferarten gezählt! In Obstplantagen
finden all diese Tiere keinen Raum zum Leben.

Zusammen leben – voneinander leben

1 Der Grünspecht zimmert eine Höhle. Hier wird er seine Jungen aufziehen.
2 Vielleicht wohnt im nächsten Jahr ein Siebenschläfer in dieser Höhle.
3 Der Grünspecht frisst Ameisen.
4 Die Ameisen pflegen Blattläuse. Von den Blattläusen sammeln sie einen süßen Saft.
5 Der Marienkäfer frisst Blattläuse.
6 Der Admiral saugt den süßen Saft aus der reifen Zwetschge.
7 Seine Raupen leben von den Blättern der Brennnessel.
8 Die Assel frisst faulende Blätter und Früchte.
9 Der Regenwurm zieht ein Blatt in seine Röhre und frisst es auf.

Durch Regenwürmer, Asseln und viele andere Tiere entsteht aus Pflanzenteilen wieder fruchtbare Erde.

10 Die Hornisse frisst von der reifen Zwetschge. Sie jagt auch die Raupen der Schmetterlinge und trägt sie als Futter zu ihrem Nest.

11 Der Kernbeißer ist ein Finkenvogel. Er baut sein Nest hoch oben im Baum. In seinem kräftigen Schnabel trägt er eine Kirsche davon. Irgendwo lässt er den Kern fallen. Vielleicht wächst daraus ein wilder Kirschbaum?

12 Die Spinne sitzt hoch oben im Blätterdach und fängt kleine Insekten.

13 Eine Kohlmeise hat sie entdeckt.

Tiere

Tiere überwintern

Marder

Eichhörnchen

Winteraktive Tiere

Diese Tiere leben auch in der kalten Jahreszeit hier. Sie passen sich den veränderten Lebensbedingungen an. So bekommen die Rehe ein dichteres Fell. Die Grünfinken ernähren sich überwiegend von Samen, da sie im Winter nur selten Insekten finden.

Beispiele: Elster, Maulwurf, Regenwurm.

Winterruhe

Einige Tiere halten Winterruhe. Ihre Speckschicht, die sie sich im Herbst angefressen haben, reicht nicht für den ganzen Winter aus. Deshalb unterbrechen sie manchmal ihren Ruheschlaf und suchen nach ihren versteckten Vorräten.

Beispiel: Eichhörnchen.

Storch und Schwalbe

Zugvögel

Die Zugvögel finden bei uns im Winter keine oder nur sehr wenig Nahrung. Deshalb fliegen sie für diese Zeit in weit entfernte, wärmere Länder.

Beispiele: Schwalbe, Star, Storch, Rotkehlchen.

Winterschlaf

Tiere, die Winterschlaf halten, fressen sich eine dicke Reservespeckschicht an. Dann suchen sie sich einen geeigneten Schlafplatz. Ihre Körpertemperatur sinkt. Die Atmung und der Pulsschlag werden langsamer. So überleben diese Tiere den Winter.

Siebenschläfer und Fledermaus

Beispiele: Fledermaus, Siebenschläfer.

Winterstarre

Wenn die Temperatur in der Umgebung dieser Tiere sinkt, stellen sie ihre Aktivitäten ein. Sie fallen in eine Winterstarre. Man sagt, sie leben auf Sparflamme. Ihre Atmung und alle Körperfunktionen verlangsamen sich. So überleben sie den Winter.

Hummel und Frosch

Beispiele: Frosch, Hummel, Biene, Wespe.

Überwinterung im Puppenstadium

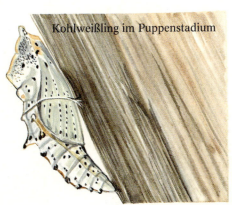
Kohlweißling im Puppenstadium

Viele Insekten entwickeln sich vom Ei über die Raupe und Puppe zum erwachsenen Insekt. Einige Insektenarten überwintern im Puppenstadium. Die Puppen mancher Schmetterlinge hängen den Winter über an einem versteckten Platz. Im Frühling schlüpft das erwachsene Tier.

Beispiel: Kohlweißling.

Hummeln überwintern

Im **Frühling** gründet die junge Hummelkönigin
einen neuen Staat: Sie baut die ersten Zellen
aus Wachs, legt ihre Eier hinein
und füttert die schlüpfenden Larven.

Im **Sommer** schlüpfen aus den Larven viele Hummeln.
Diese Arbeiterinnen sammeln Futter aus den Blüten.
Sie pflegen die Larven und bauen das Nest weiter aus.
Wenn das Wetter günstig ist, zählt der Staat der Hummeln
im Hochsommer mehrere hundert Mitglieder.

Im **Herbst** schlüpfen aus größeren Zellen
junge Königinnen und Drohnen.
Drohnen sind die Männchen im Hummelvolk.
Sie befruchten die Königinnen und sterben dann
wie die Arbeiterinnen. Die jungen Königinnen
tragen schon jetzt viele Eier in ihrem großen Leib.

Bevor der **Winter** beginnt, sucht sich jede Königin
zum Beispiel ein altes Mäusenest und kriecht in das
feine Pflanzenpolster. Hier fällt sie in Winterstarre
und übersteht so die kalte Zeit.

Nisthilfen für Vögel

Einige Vogelarten sind bei uns sehr selten geworden.
Ihre Lebensräume werden von uns Menschen verändert
und immer mehr eingeengt.

Viele Vögel haben keine Scheu mehr vor den Menschen.
Sie brüten manchmal an ganz ungewöhnlichen Stellen.
Wir können Vögeln helfen,
indem wir Nisthilfen
für sie bereithalten.

Der Hausrotschwanz nistet
in der Nähe von Menschen.
Wir sollten ihn dabei nicht
stören und nicht dauernd
in das Nest schauen.

Sind die Jungen
geschlüpft, darf man sie
nicht berühren.
Sie werden sonst nicht
mehr von ihren verstörten
Eltern gepflegt.

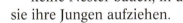

Der Hänfling und viele andere
Vogelarten brüten in Hecken
und Büschen.
Deshalb sollten wir die Hecken
wachsen lassen und sie nicht
zwischen Februar und August
schneiden. Die Vögel können sonst
keine Nester bauen, in denen
sie ihre Jungen aufziehen.

Nistkästen kann man kaufen
oder aus Holzbrettern
selbst bauen.
Die Fluglöcher müssen für
die einzelnen Vogelarten
unterschiedlich groß sein.

Die Anleitung für Nistkästen
könnt ihr bei eurem Forstamt
oder beim „Naturschutzbund
Deutschland" erhalten.

Vogelzug

Flugroute der Schwalben

Schwalben sammeln sich auf Leitungsdrähten

Schwalben leben das ganze Jahr über nur von Insekten.
Deshalb können sie nicht bei uns überwintern.
Ihr angeborenes Verhalten, der Zugtrieb,
lässt sie rechtzeitig vor der kalten Jahreszeit fortfliegen.

Bereits im August könnt ihr bei den Schwalben
ein auffälliges Verhalten beobachten.
Sie sammeln sich zu Zuggesellschaften
auf Leitungsdrähten, Dächern und Ästen und
bereiten sich auf ihren Flug Richtung Süden vor.
Die Flugstrecke beträgt zwischen 6 000 und
9 000 Kilometer. Unterwegs rasten sie einige Tage
in Gebieten, in denen sie genügend Insekten finden.
Nach etwa drei Monaten treffen sie in ihren
Winterquartieren ein. Auch viele andere Singvögel
und größere Vögel wie Gänse und Störche
ziehen auf verschiedenen Wegen nach Afrika.

Schon im März starten die Schwalben zu ihrem Heimflug
nach Europa. Für die Rückreise brauchen sie weniger Zeit.
Mit großer Sicherheit finden sie zu dem Ort zurück,
von dem aus sie gestartet sind. Ihre Rückkehr ist für uns
das Zeichen, dass der Frühling endlich gekommen ist.

Mariä Geburt
fliege d' Schwalbe furt.
Mariä Verkündigung
kehre d' Schwalbe
wieder um.

Bauernregel

Kraniche in ihrem Winterquartier

Kraniche leben und brüten in Gebieten mit feuchten Wiesen, Mooren, Tümpeln und Bächen. Auch sie überwintern in Afrika. Im Herbst ziehen sie in einem geordneten Keil dorthin. Manchmal kann man sie abends länger über Großstädten kreisen sehen, weil die Lichter sie verwirren. Im Frühjahr kehren sie zurück.

Vogelwarte: Beobachtungsstation

In der Vogelwarte Radolfzell am Bodensee erforschen Wissenschaftler den Vogelzug.
Sie sammeln die Abflugdaten und Ankunftsdaten vieler Vögel. Auch vom Flugzeug aus oder mit Radar beobachten und zählen sie die Zugvögel.

An einigen Vögeln werden kleine Sender angebracht. Satelliten empfangen ihre Signale und leiten sie an die Vogelwarten weiter.
Die meisten Erkenntnisse über Zugrichtung, Halteplätze, Überwinterungsplätze und Ortstreue erhalten die Vogelkundler aber immer noch dadurch, dass sie Vögel beringen und beobachten.
Seit 1899 forschen sie auf diese Weise und konnten so schon viele Geheimnisse des Vogelflugs aufdecken. Trotzdem sind noch viele Fragen ungeklärt.

Mädchen und Jungen verändern sich

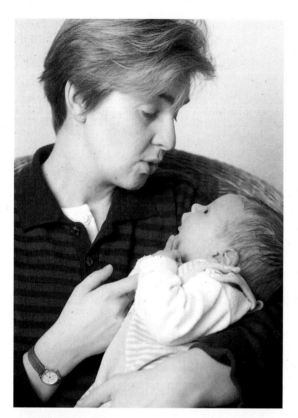

Tina liebt Stefan

TINA liebt STEFAN

Als die Kinder einer vierten Klasse aus der Pause kommen,
sehen sie an der Tafel in ihrem Klassenraum
diese Zeichnung. Viele lachen.
Ingo hat es angeschrieben. Der steht da und grinst.
Stefan bekommt einen roten Kopf. Tina guckt verlegen.
Sie flüstert ihrer besten Freundin Christine zu:
„Das war bestimmt der Ingo. Der ist bloß eifersüchtig."
Tina weiß, dass Stefan sie gern hat.
Er guckt oft im Unterricht zu ihr hin.
Neulich haben sie sich zufällig in der Bücherei getroffen.
Danach hat Stefan ihr ein Eis von seinem Taschengeld
spendiert.
Stefan will Tina jetzt nicht ansehen.
Er ist wütend und traurig zugleich.
Heute wollte er die Lehrerin fragen,
ob Tina und er an einem Tisch sitzen dürfen.
Aber jetzt traut er sich nicht mehr.
Da kommt die Lehrerin und wirft einen Blick auf die Tafel.
Sie sieht auch zu Tina und Stefan hin.
Dann sagt sie: „Findet das jemand schlimm oder komisch?
Sich gern zu haben ist doch etwas Schönes!"
Sie wischt Ingos Gekritzel weg.

Mädchen und Jungen verändern sich

Wenn ihr Fotos von euch anschaut, seht ihr,
wie sehr ihr euch im Laufe der Zeit verändert habt.
Ihr werdet euch bei vielen Bildern an die Situationen
erinnern, in denen sie aufgenommen worden sind.
Vielleicht wisst ihr sogar noch, wie ihr euch gerade
gefühlt habt, als der Fotograf auf den Auslöser drückte,
ob ihr froh oder traurig wart.

In den ersten Schuljahren haben Mädchen und Jungen
gerne zusammen gespielt. In den Pausen und
im Sportunterricht hatten sie viel Spaß miteinander.
Doch jetzt auf einmal möchten die Mädchen viel lieber
nur mit den Mädchen spielen.
Auch die Jungen spielen ihre eigenen Spiele.

Jungen sind grob!

Mädchen sind aber geschickt!

Mit den Mädchen kannst du nicht mehr Völkerball spielen. Die sind viel zu schwach!

Jungen wählen immer nur die Jungen!

Jungen wollen immer nur gewinnen!

Mädchen heulen schnell!

Kinder wachsen schnell und lernen viel.
Ihre Körper und auch ihre Gefühle und Fähigkeiten verändern sich.

In eurem Alter kommen Mädchen und Jungen plötzlich nicht mehr so gut miteinander aus wie früher.
Sie entwickeln oft neue, unterschiedliche Interessen und bleiben jetzt lieber unter sich.
Manchmal können sie sich selbst nicht leiden und wären am liebsten wieder klein.

„Jungen müssen zu Hause fast nie helfen."

„Die Hefte der Mädchen sehen ordentlicher aus."

„Jungen interessieren sich sehr für Technik."

„Mädchen sind zickig und sehr ehrgeizig."

„Mädchen mögen gerne schön sein."

„Im Ranzen der Jungen sieht es manchmal ganz schön wild aus."

Mag ich das?

Peter ist mein Lieblingsonkel. Mit dem kannst du durch dick und dünn gehen. Den mag ich, auch wenn er mir gar nicht so viel kauft. Ich finde, Geld und Geschenke haben überhaupt nichts mit Freundschaft zu tun.

„Meine Omi kann mich richtig schön knuddeln. Zum Glück macht sie es nur, wenn niemand sonst dabei ist. Ich will nicht, dass uns jemand zuschaut, erst recht nicht meine Freunde. Die lachen mich ja schon aus, wenn ich dem Papa vor der Schule zum Abschied ein Küsschen gebe."

„Ob ich mit meinem echten Opa auch so viel Spaß hätte wie mit Herrn Maier? Er hat immer Zeit für mich. Er repariert meine Sachen und lässt mich in seiner Werkstatt arbeiten. Manchmal nimmt er mich mit ins Schwimmbad oder auf eine Radtour. Das ist eine echte Männerfreundschaft."

Das mag ich nicht

„Die sollen nicht in unsere Umkleidekabine kommen!"

„Ich will mich alleine umziehen, geh jetzt raus!"

„Du hast in meinem Schrank nichts zu suchen!
Ich räume meine Sachen selbst auf!"

„Im Schwimmbad kommen die immer
in unseren Duschraum. Das finden wir nicht gut."

„Ich schließe die Badezimmertür doch schon lange zu!"

„Mein Tagebuch geht keinen etwas an!"

Vorsichtig sein?

Ist doch klar, zu einem Fremden steige ich nie ins Auto!

Niemand soll merken, dass ich oft Angst habe, wenn es dunkel ist. Manchmal muss ich abends noch mit unserem Hund Gassi gehen. Ich fürchte mich. Mit dem Hund fühle ich mich aber doch viel sicherer als alleine.

Im Winter holt mich abends immer jemand vom Sport ab. Ich mag's gerne, auch wenn sich die anderen darüber lustig machen.

Ich liebe Pfandspiele. Aber mit Alexandras Bruder und seinen Freunden spiele ich bestimmt nie. Die Xani hat mir verraten, dass die beim Auslösen für jedes Pfand etwas ausziehen. Der Dodo war einmal ganz nackt. Das soll ein tolles Spiel sein?

„Diese dauernden Warnungen regen mich auf.
‚Das ist gefährlich!', ‚Mach das nicht!',
‚Pass dort auf!', ‚Geh da nicht hin!',
‚Lies, was wieder in der Zeitung steht!'.
Warum lässt man uns nicht in Ruhe?
Wir passen selbst auf uns auf."

Meinungen vertreten

Wenn es in der Klasse 4a Probleme gibt, werden sie gemeinsam im Klassenrat besprochen.
Oft diskutieren die Kinder heftig, weil ganz unterschiedliche Meinungen aufeinander prallen.
So ist es auch heute. Lena hat sich beschwert.
Sie ist traurig und zornig, weil einige Jungen aus der Klasse immer wieder „blöde Kuh" zu ihr sagen.

Auf dem Schulhof sagen die noch ganz andere Wörter.

Ich finde, dass solche Wörter wehtun. Ich sage sie ja auch nicht.

… und erst im Fernsehen.

Solche Wörter sollte man nicht benutzen. Sie sind gemein.

Zu mir sagen die so etwas nicht. Sie wissen schon, warum.

Ich finde „blöde Kuh" harmlos.

Manche Kinder gebrauchen gerne Schimpfwörter.
Es macht ihnen Spaß, wenn sich andere darüber ärgern.
Sie wollen nicht einsehen, warum die anderen oft
sehr gekränkt reagieren. Doch im Klassenrat wird ihnen
allmählich klar, dass sie mit ihrem Verhalten
die Atmosphäre in der Klasse stören.

Atmosphäre: bedeutet hier Stimmung

Europa und die Welt

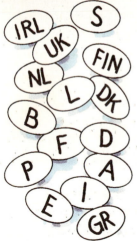

Autokennzeichen aller Länder, die der europäischen Union angehören

Heute leben wir mit unseren Nachbarländern friedlich zusammen. Das war nicht immer so.
In schrecklichen Kriegen sind Freundschaften zwischen vielen Völkern zerbrochen.
In allen beteiligten Ländern mussten die Menschen unbeschreibliches Leid ertragen.
Noch heute können wir an vielen Stellen Spuren der grausamen Kriege sehen.
Nach dem letzten Weltkrieg haben sich die Politiker vieler Länder um einen dauerhaften Frieden bemüht. Durch Verträge machten sie deutlich, dass sie es nie wieder zu einem Krieg kommen lassen wollen.

Heute gibt es in Westeuropa keine geschlossenen Grenzen mehr. Wenn wir zum Beispiel nach Frankreich fahren wollen, müssen wir unsere Pässe nicht vorzeigen.

Leben in Frankreich

Jedes Land hat seine Besonderheiten und Spezialitäten.
Es lohnt sich, sie zu erkunden und auszuprobieren.
In Frankreich gibt es zum Beispiel die langen Weißbrote.
Die kennt ihr. Auf Französisch heißen sie Baguette.

Habt ihr schon einmal Crêpes gegessen oder
Mousse au chocolat?
Bestimmt finden französische Kinder auch
einige unserer Speisen interessant oder seltsam.

Wenn ihr ein fremdes Land kennen lernen
wollt, ist es wichtig, dass ihr beginnt
seine Sprache zu lernen.
Am besten fangt ihr damit
so früh wie möglich an.

Hier sind einige Wörter aus dem Französischen:

In anderen Ländern wird auch in anderer Währung bezahlt. In Frankreich bezahlt man mit französischen Francs.

Salut!	Hallo!
Comment-tu t'appelles?	Wie heißt du?
Je m'appelle Sanne.	Ich heiße Sanne.
C'est mon frère,	Das ist mein Bruder,
ma sœur,	meine Schwester,
mon père,	mein Vater,
ma mère,	meine Mutter,
mon amie.	meine Freundin.

Schule in Frankreich

Es ist 16.30 Uhr. Monique hat Schulschluss.
Sie wird von ihrer Mutter abgeholt.
Monique ist zehn Jahre alt. Sie geht in die vierte Klasse.
Jeden Tag hat sie von 8.30 bis 16.30 Uhr Schule.
Am Mittwochnachmittag und am Samstag hat sie frei.

Monique erzählt:
„Ich bin schon mit drei Jahren in die Vorschule gekommen. Mit fünf Jahren habe ich dann Lesen, Schreiben und Rechnen gelernt.
In der vierten Klasse sind wir 22 Kinder.
Wir haben in der Woche 27 Stunden Unterricht.
Nach den ersten drei Unterrichtsstunden haben wir fünf Minuten Entspannung. Wir legen unseren Kopf auf ein Kissen. Unsere Lehrerin erzählt eine Geschichte.

Kinder arbeiten mit der Freinetdruckerei

Bonjour, les enfants!

oui
non
le garçon
la fille
l'école
le cahier
le livre
le stylo

la France
l'Allemagne
l'Angleterre

Das ist unser Stundenplan vom Dienstag:

8.30	1. Stunde	Französisch (français)
	2. Stunde	Mathematik (mathématiques)
9.50	Pause	récréation
10.05	3. Stunde	Musik (musique)
	4. Stunde	Geschichte (histoire)
11.40	Pause	Mittagessen, Spielzeit (déjeuner, jeux)
13.40	5. Stunde	Französisch (français)
	6. Stunde	Kunsterziehung (éducation artistique)
15.05	Pause	récréation
15.30	7. Stunde	Sport (éducation physique)

Die Grundschule dauert in Frankreich fünf Jahre.
Wir haben acht Stunden Französisch in der Woche.
Alle müssen viel üben, weil unsere Grammatik schwer ist.
Wir bekommen dreimal im Jahr Zeugnisse.
Ab Klasse 4 können wir eine Fremdsprache lernen.
Man kann zwischen Englisch und Deutsch wählen.
Ich habe mich zuerst für Deutsch entschieden.
Es macht mir viel Spaß, obwohl ich es am Anfang
ganz schön schwer fand. Alles klingt so fremd. Abends
muss ich oft noch eine Stunde lang Hausaufgaben machen."

Teiny kommt aus Georgia

I was born in Georgia in the United States of America.

„Ich wurde in Georgia geboren, in den Vereinigten Staaten von Amerika. Mein Vater lebt noch dort. Ich bin kurz vor meinem sechsten Geburtstag mit meiner Mutter und meinem Bruder zur Oma nach Heidenheim gezogen.

Zuerst konnte ich kein bisschen Deutsch sprechen oder verstehen.
Es gab immer wieder lustige Verwechslungen, wenn meine Oma nicht wusste, was ich wollte.
Heute spreche ich fast nur noch Deutsch.
Wenn ich aber mit Amerikanern zusammen bin, kann ich mich schon nach kurzer Zeit wieder gut mit ihnen verständigen.

Ich interessiere mich für alles, was mit dem Weltraum zusammenhängt. In den letzten Sommerferien war ich drei Wochen in Amerika. Dort haben wir das Museum und die Startplätze der NASA, das ist die Nationale Luft- und Raumfahrtbehörde der USA, besichtigt."

Partnerschaften

Wie leben und lernen Kinder in anderen Schulen
und in anderen Ländern? Um das herauszufinden
müsst ihr Kontakt zu Schülerinnen und Schülern
aus anderen Klassen oder Schulen in eurer Nähe
aufnehmen.
Vielleicht könnt ihr euch gegenseitig besuchen,
Ideen austauschen und miteinander ein Fest feiern.
Wenn die Kinder eurer Partnerklasse weiter entfernt leben,
helfen Briefe, Berichte und Bilder oder sogar eine Kassette
um mehr voneinander zu erfahren.
Das Leben der Kinder in anderen Ländern interessiert euch
bestimmt. Vielleicht findet ihr sogar eine Partnerklasse
auf einem anderen Kontinent der Erde. Ihr könnt euch
gegenseitig über euer Land und über euer Leben berichten.

Schüler helfen Schülern in Afrika
Erfolgreiches Baumpflanzprojekt

Die Schüler und die Lehrer arbeiten gemeinsam an diesem Partnerschaftsprojekt. In der Schule in Ouallam in Afrika haben sie schon 5000 Bäume gepflanzt und einen großen Schulgarten mit Baumschulen angelegt.

Jetzt erhält die Schule Strom aus Sonnenenergie.
Ouallam liegt in Niger, einem Staat am Südrand der Wüste Sahara. In diesem Land warten noch viele Grundschulen auf Partnerschulen in Deutschland.

Spiele aus aller Welt: ein Schnurtrick aus Ghana

Du brauchst für den Trick nur eine Schnur und beide Hände.
Die Schnur soll etwa so lang sein wie deine ausgebreiteten Arme.
Knote die beiden Enden der Schnur zusammen.

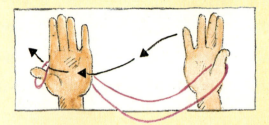

Lege die Schlinge über
beide Daumen.
Drehe dann die linke Hand
unter der Schlinge durch.
Jetzt laufen zwei Schnüre
auf dem linken Handrücken.

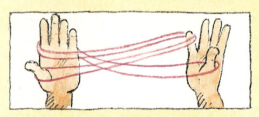

Der kleine Finger der rechten Hand
schiebt sich unter die Doppelschnur
zwischen Daumen und Zeigefinger
der linken Hand und zieht sie lang.

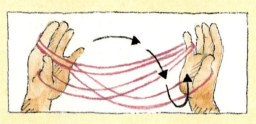

Der kleine Finger der
linken Hand schiebt sich
unter die Daumenschlaufe
der rechten Hand.

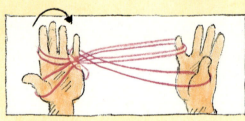

Jetzt zieht man sie hoch.
Die beiden Schnüre
auf dem linken Handrücken
werden über die Fingerspitzen
gezogen.

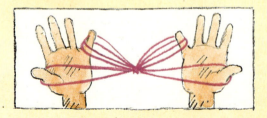

Man lässt sie los und spannt
alle Fäden mit den Daumen und
den kleinen Fingern.
Das ist das Moskito.

Klatsche jetzt in die Hände und lass dabei die beiden Schlingen
über die kleinen Finger rutschen. Ist dein Moskito verschwunden?

Kalaha

Ihr braucht:
ein Spielfeld im Sand oder 14 flache Schälchen,
48 Spielsteine.

Kalaha ist ein sehr altes Spiel, das Kinder und Erwachsene überall auf der Welt kennen. Es heißt auch Awari oder Mancala und hat bestimmt noch viele andere Namen. Man spielt es zu zweit und sitzt sich dabei gegenüber.
Wer am Ende die meisten Spielsteinchen besitzt, hat gewonnen.

Am Strand kann man sich das Spielfeld einfach in den Sand graben und mit Kieseln oder Muscheln spielen.

Zu Hause nimmt man 12 kleine flache Schälchen und bildet zwei gegenüberliegende Reihen. Dann verteilt man 48 Bohnen oder Perlen gleichmäßig. Jeder Spieler stellt rechts neben seine Reihe noch ein leeres Sammelschälchen.

Der erste Spieler wählt eine Spielmulde auf seiner Seite, nimmt alle Steinchen heraus und legt jeweils eines in die folgenden Mulden. Nur die gegnerische Sammelmulde lässt er dabei aus.
Es geht im Gegenuhrzeigersinn. Die Spieler wechseln sich ab.

Wenn der letzte Stein eines Spielers in eine eigene leere Mulde fällt, darf er alle Steinchen aus der gegnerischen Mulde nehmen, die genau gegenüberliegt, und in die eigene Sammelmulde legen.
Die Spielrunde ist vorbei, wenn alle Mulden in einer Reihe leer sind.

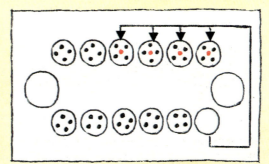

113

Einkaufen

„Ich hatte Ihnen doch gesagt, dass Sie in der nächsten Zeit nicht klingeln sollen. Wir brauchen nichts und die alte Frau Schmitt ist zur Kur weg."
„Ja schon, aber haben Sie denn noch genügend leckeres Eis im Haus?"

„Wollen wir die Puppe nicht lieber im Laden aussuchen? Du weißt doch gar nicht, wie sie wirklich aussieht."

„Schade, die erste Ferienwohnung ist im Juli leider schon besetzt. Hoffentlich finden wir noch eine andere."

Einkaufsmöglichkeiten

„Ich nehme die große „Frutti di Mare".
Die sollen sich beeilen, sonst sterbe ich
vor Hunger!"

„Mami, ich will die Lederjeans doch nur
zum Probieren bestellen, bitte!"

„Wir müssen noch Fahrkarten kaufen."
„Da ist ein Automat! Hast du Münzgeld?
Oder willst du dich am Schalter in die lange Schlange stellen?"

Einkaufen will gelernt sein

Gefahren für die Gesundheit

> Wenn ich enttäuscht bin und niemand da ist, mit dem ich reden kann, dann suche ich in der ganzen Wohnung nach Süßigkeiten.

> Wenn meine Eltern viel zu tun haben, dann geben sie mir manchmal Geld oder sie kaufen mir ein neues Spielzeug.

> Wenn nichts zum Essen im Kühlschrank liegt, werde ich ganz nervös.

Über manche Gewohnheiten denken wir nicht viel nach. Es gibt Gewohnheiten, von denen wir nur schwer wieder loskommen. Ohne sie würde uns etwas fehlen. Wir glauben, wir könnten ohne sie nicht mehr leben. Wird dann aus einer Gewohnheit eine Sucht?

Sucht hat eigentlich mit einem Wunsch zu tun, den jeder hat: Man möchte sich wohl fühlen. Aber nicht immer verläuft im Leben alles gut, schön und problemlos. Es kann viele Gründe geben, warum man sich nicht wohl fühlt, zum Beispiel weil man Ärger hat, weil man sich schwach fühlt oder weil man sich allein und unverstanden fühlt. Einige Menschen suchen dann nach Mitteln, die ihr Wohlbefinden steigern. Durch sie fühlt man sich für kurze Zeit erleichtert und ohne Probleme.

Drogen machen abhängig

Wenn das Mittel aufhört zu wirken, sind die Probleme aber nicht verschwunden. Um sie wieder vergessen zu können greift man erneut danach.
Hat sich der Körper an ein Mittel gewöhnt, braucht er immer größere Mengen um sich wohl zu fühlen.
Manche Mittel enthalten Stoffe, die süchtig machen.
Das heißt, der Körper wird von diesen Stoffen abhängig.
Er kann ohne sie nicht mehr existieren.

Anfangs sieht man es selten jemandem an, dass er zu Drogen greift. Am Ende kann der Abhängige aber nur mit großer Anstrengung und der Hilfe anderer von der Sucht loskommen.
Wer Drogen einnimmt, denkt nicht an seine Gesundheit. Er begibt sich in große Gefahr und riskiert auf Dauer sein Leben.

Alkohol und Nikotin

Personensorgeberechtigte: Eltern, in seltenen Fällen ein Vormund

> Kein Alkohol an Jugendliche
>
> An Personen unter 18 Jahren dürfen Branntwein, branntweinhaltige Getränke oder Lebensmittel, die Branntwein in nicht geringfügiger Menge enthalten, nicht abgegeben werden. Andere alkoholische Getränke (z.B. Wein) dürfen an Personen unter 16 Jahren nur abgegeben werden, wenn sie von einem Personensorgeberechtigten begleitet werden.
> (Aushang gemäß § 4 und 11 des Gesetzes zum Schutz der Jugend in der Öffentlichkeit vom 25. Febr. 1985)

Dieses Schild findet ihr überall dort, wo Alkohol verkauft wird.

Bier, Wein und andere Getränke enthalten Alkohol.
Alkohol beeinflusst das Verhalten der Menschen.
Er kann das Bewusstsein und die Wahrnehmung
eines Menschen verändern. Viele Verkehrsunfälle
passieren, weil Menschen alkoholische Getränke
getrunken haben.

Übermäßiger Alkoholgenuss über einen langen Zeitraum
schädigt die inneren Organe.
Der Körper junger Menschen ist noch nicht ausgewachsen.
Deshalb ist Alkohol für ihn besonders schädlich.

Tabakrauch enthält Nikotin und Teer.
Diese Stoffe schaden nicht nur den Rauchern,
sondern auch dir,
wenn du sie mit dem Rauch einatmest.

Die EG-Gesundheitsminister:
Rauchen gefährdet die Gesundheit.

Bonbons und Tabletten

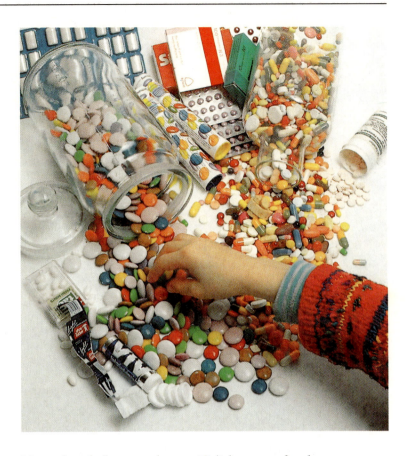

Menschen haben vor langer Zeit herausgefunden, dass einige Pflanzen bei Krankheiten helfen. Aus diesen Pflanzen und aus anderen Stoffen haben sie Heilmittel hergestellt.
Heilmittel oder Medikamente werden vom Arzt verschrieben. Sie müssen so eingenommen werden, wie es der Arzt oder das Rezept vorschreibt.
Viele Medikamente werden nur gegen Rezept in der Apotheke verkauft.
Dort werden sie sorgfältig aufbewahrt.

Notruf 110
Polizei

Notruf 112
Feuerwehr

Medikamente helfen bei Krankheiten. Sie können aber gefährlich werden, wenn sie schon alt sind oder wenn man zu viel davon einnimmt.
Manche Medikamente sehen aus wie Bonbons.
Kleine Kinder können sie leicht verwechseln.
Wenn ein Kind Tabletten wie Bonbons gegessen hat, musst du sofort Hilfe holen.
Sage einem Erwachsenen Bescheid oder wähle den Notruf.
Um kleine Kinder zu schützen sollten Medikamente im verschlossenen Arzneischrank aufbewahrt werden.

Zeitung

Ina und ihr Bruder streiten sich darüber, wer die neue Fernsehzeitschrift zuerst anschauen darf.

Lilo möchte wissen, was gerade **in** ist. Deshalb kauft sie sich Frauenzeitschriften. Sie liest gerne Illustrierte.

Dr. Herz informiert sich in Fachzeitschriften über neue Forschungsergebnisse.

Alex kann sich bald einen neuen Computer leisten. Er weiß noch nicht genau, für welchen er sich entscheiden soll.

Unterschiedliche Leserinteressen

Die Schäfers haben zwei verschiedene Nachrichtenmagazine abonniert. Sie vergleichen gerne die Informationen.

Ilse Schmitt ist Kunstlehrerin. Sie besucht gerne Ausstellungen. In der Kunstzeitschrift ist ein Veranstaltungskalender.

Udo ist ein begeisterter Motorradfahrer. Auch für ihn gibt es eine passende Fachzeitschrift mit guten Tipps.

Frau Stolz sammelt alte Spielsachen. Sie liest regelmäßig den „Sperrmüll".

Wir lesen die Tageszeitung

POLITIK

Auf der Flucht in Lebensgefahr
Internationale Helfer kämpfen gegen das Verdursten

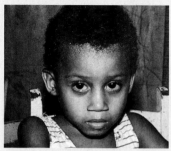

Die Kinder sind auch hier die unschuldigen Opfer, die am meisten zu leiden haben.

Eine halbe Million Menschen befinden sich im Osten Zaires auf der Flucht ins Nichts. Jene, die aus den Flüchtlingslagern nördlich der zairischen Kleinstadt Goma entweder in Richtung Goma oder auch in die Wälder fliehen, sind in akuter Lebensgefahr. Essen und Wasser sind das größte Problem. Denn entlang der 35 Kilometer langen Teerstraße zwischen Goma und Kibumba erstreckt sich eine besonders menschenfeindliche Landschaft Afrikas. Seit rund 1,2 Millionen Menschen aus Goma in Richtung Norden zogen, gibt es im gesamten Landstrich zwischen der Straße und den mehrere Kilometer entfernten Bergen kaum noch Vegetation. In ihrer Verzweiflung aßen die Menschen nicht nur das spärliche Gras, sie schälten auch - so hoch, wie die Arme reichten - die Rinde von den Bäumen.
Am wichtigsten ist die Versorgung mit Trinkwasser. Vor allem in einer Landschaft, in der es nur wenig Erde, dafür aber um so mehr Lavagestein gibt, das sich unter der heißen Sonne und wegen fehlenden Schattens stark aufheizt. Pro Tag starben bis zu 2000 Menschen wegen Mangels an Wasser. Die meisten, die nicht verdursten wollten und in ihrer Not das Wasser eines Sees tranken, bekamen Durchfall und andere Krankheiten, die wegen der fehlenden ärztlichen Versorgung rasch zum Tode führten.

UMWELT

Fledermausschutz
Bestand zurückgegangen

Innerhalb der letzten 30 Jahre sind die Fledermausbestände in Baden-Württemberg erschreckend zurückgegangen, obwohl alle Arten bereits seit 1936 unter Schutz stehen. Um dieser Entwicklung entgegenzuwirken wurden in Heidelberg Schutzmaßnahmen für die Tiere entwickelt.
Die bisher vorliegenden Ergebnisse zeigen, dass an vielen Kirchen, Schulen und städtischen Gebäuden geeignete Quartiere für Fledermäuse vorhanden sind oder geschaffen werden können.

Was? Wann? Wo?

Samstag
9 bis 13 Uhr Bauernmarkt auf dem Marktplatz
16 Uhr Exotenwaldführung, Treffpunkt im vorderen Schlosshof
9 bis 12 Uhr Elektro-Kleingerätesammlung am Parkplatz gegenüber dem DRK-Haus

---

Die **Rhein-Neckar-Zeitung** erscheint mit 11 Ausgaben:

Heidelberger Nachrichten
Wieslocher Nachrichten
Eberbacher Nachrichten
Mannheimer Tageszeitung
Schwetzinger Nachrichten
Bergstraße/Neckar
Weinheimer Rundschau
Sinsheimer Nachrichten
Bad Rappenauer Bote/
Eppinger Nachrichten
Nordbadische Nachrichten
Mosbacher Nachrichten

In vielen größeren Städten wird täglich,
außer samstags, eine Zeitung gemacht.
Sie versorgt ihre Leserinnen und Leser
mit Informationen aus der näheren Umgebung.

Seit Zeitungen auf riesigen Maschinen gedruckt werden,
gibt es auch in Baden-Württemberg nur noch wenige
Zeitungsverlage. Alle bringen mehrere Ausgaben heraus,
von denen manche noch die Namen der ehemaligen
kleinen Lokal-Zeitungen tragen.

Die allgemeinen Teile, wie die Leitartikel, die Nachrichten
aus aller Welt, der Kulturteil und das Fersehprogramm,
sind in allen Ausgaben gleich. Jede Ausgabe
bezieht sich aber mit ihren lokalen Beiträgen
auf eine bestimmte Region. So können die Leute
nach wie vor in ihrer Zeitung lesen, was sich
in ihrem Ort und ihrer Gegend ereignet.
Schöne und erfreuliche, aber auch unangenehme
und traurige Dinge, kleine Veränderungen oder
große Neuigkeiten werden durch die Zeitung bekannt.

SPORT

Heute Schicksalsspiel bei Bayer Leverkusen

Der 1. FC Kaiserslautern muss bei Bayer Leverkusen gewinnen, sonst steigt er ab. Bayer Leverkusen hat 37 Punkte und eine Tordifferenz von minus eins. Der 1. FC Kaiserslautern hat 35 Punkte und eine Tordifferenz von minus sechs.

„Wir sind gut drauf. Die Jungs haben locker trainiert", informierte der Trainer gestern Abend nach dem Abschlusstraining. Er hatte in dieser Saison für das Training einen Ort gewählt, an dem die Mannschaft Ruhe fand: keine Fans, kein Kamerateam.

Fernsehen

Von der **Tennis-WM der Damen** in New York sehen Sie heute eine Zusammenfassung der Spiele der vorangegangenen Nacht.

„**Elefanten in Afrika**": Die afrikanische Tierwelt, in hunderten von Fernsehfilmen dargestellt, hat immer noch Überraschungen zu bieten.

AUS ALLER WELT

Dieses Foto zeigt einen lachenden Halloween-Kürbis.
Halloween ist in der Nacht vor Allerheiligen, in der angeblich die Geister und Seelen der Verstorbenen unterwegs sind.
In dieser Nacht drohen vor allem in den Vereinigten Staaten die Kinder an den Haustüren mit Schabernack um Süßigkeiten zu erpressen oder sie laufen mit wilden „Fratzen" verkleidet durch die Straßen.

Autofreier Sonntag
Straße gehört den Kindern

Bahn frei: Am kommenden „Autofreien Sonntag" sollten Sie sich auf die Beine machen. Denn dann gehört die Straße den Kindern. Der Autoverkehr wird an diesem Tag von 11 bis 18 Uhr nicht fließen.
Und das aus gutem Grund: Die Kinder sollen wenigstens einen Tag lang den Spielraum Straße zurückerobern können. Statt rollendem Blech gibt's rollende Skateboards, statt Autolärm Musik, statt schlechter Luft leckeren Kaffee und Kuchen, Waffeln und Säfte.
Dass es nicht erklärter Kinderwunsch ist, ins Auto gepackt und in den nächsten Freizeitpark kutschiert zu werden, haben viele Erwachsene bei den vergangenen Weltkindertagen lernen müssen. Da wurde nämlich vom Nachwuchs vehement der Spielraum Straße eingeklagt. Mit Erfolg.

Verkäufe

Hochzeitsfahrt mit Chauffeur im Straßenkreuzer Tel. 111111
Alte **Teddybären** günstig abzugeben Tel. 222222
Querflöte, fast neu, an Musikliebhaber zu verkaufen Tel. 333333
Kaufe alte **Kinderkleidung** auf, wenn sie noch gut erhalten ist Tel. 444444
Wer sammelt **Briefmarken** wie ich? Mir fehlen noch einzelne Marken Tel. 555555

Aus Baden-Württemberg

Bundespräsident besucht Pfahlbauten in Unteruhldingen.

Das Wetter

Wetterlage: Zwischen tiefem Druck über Skandinavien und einem kräftigen Tiefdrucksystem über Italien liegt Baden-Württemberg unter einer Hochdruckbrücke in weiterhin feuchter Luft.
Vorhersage für Mittwoch: Tagsüber meist stark bewölkt, kaum Auflockerungen. Höchsttemperaturen bei 18 Grad. Sonnenaufgang: 6.26 Uhr.

Stellengesuche

Bürokauffrau
43 Jahre, sucht Dauerstellung (Buchhaltung/Lohnbüro). EDV-Kenntnisse vorhanden.
Raum KA - BR - HN.

Es sind Taten, die zählen und nicht die Worte. Besonders, wenn es um Kinder geht. Spenden Sie für Kinder in Not!

Eine Schülerzeitung entsteht

An einer Schule und in ihrer Umgebung passiert vieles.

Aus diesem Grund gibt es an der Astrid-Lindgren-Schule seit einigen Jahren eine Schülerzeitung.

In regelmäßigen Abständen erstellen die Mädchen und Jungen einer 4. Klasse für alle Kinder der Schule die Zeitung „SCHNAPP".

Die Schülerzeitung hat unterschiedliche Themenbereiche (Rubriken):

Aktuelles Thema — Hier wird über Ereignisse geschrieben, die erst vor kurzem geschehen sind.

Schulgeschehen — Auf diesen Seiten wird über Neuigkeiten an der Schule berichtet.

Berichte aus den Ortsteilen — Weil die Kinder aus sieben verschiedenen Ortsteilen kommen, werden hier Informationen aus diesen Ortsteilen zusammengestellt.

Die Seite für das 1. Schuljahr — Auf dieser Seite wird auf die Probleme und Interessen der jüngsten Leser eingegangen.

Neues aus der Bücherei — Neu angeschaffte Bücher, die ausgeliehen werden können, werden hier vorgestellt.

Umwelttipps — Ratschläge für umweltbewusstes Verhalten können hier gelesen werden.

Anzeigen und Leserbriefe — Auch die Leser müssen zu Wort kommen.

Rätsel und Witze — Auf diesen Seiten werden Rätsel und Witze abgedruckt.

Eine neue Ausgabe von „SCHNAPP" steht an.
In den Wochen vorher haben die Kinder schon
Themenvorschläge für die einzelnen Rubriken
an einer Pinnwand gesammelt:

1. Schritt
- Themenvorschläge sammeln

2. Schritt
Erste Redaktionssitzung:
- beraten
- diskutieren
- sich einigen
- Arbeit verteilen
- Zeitplan aufstellen

Die Klasse trifft sich zur ersten Redaktionssitzung
und berät über die zusammengetragenen Vorschläge.
Über jeden geplanten Artikel wird abgestimmt.
Das ist wichtig, denn die Mehrheit der Kinder
muss gut finden, was in der Zeitung zu lesen ist.
Danach werden die Aufgaben verteilt
und in einem Arbeitsplan festgehalten.

3. Schritt
- Informationen sammeln
- Artikel entwerfen
- Skizzen anfertigen

Jetzt geht es an die Arbeit. Alle Kinder müssen bis zum festgelegten Zeitpunkt ihre Artikelentwürfe erarbeitet haben.
Björn, Jana und Melanie informieren sich beim Feuerwehrhauptmann über den Brand einer Scheune vor einer Woche.

4. Schritt
Zweite Redaktionssitzung:
- beraten
- diskutieren
- verabschieden

Nun werden die Artikelentwürfe im Kreis vorgelesen und diskutiert, Änderungsvorschläge eingebracht und Überarbeitungen besprochen.
Gemeinsam legen sie die Bilder und Zeichnungen fest, die in der Zeitung abgedruckt werden sollen.

5. Schritt
- schreiben
- zeichnen
- kontrollieren
- kleben
- drucken

Wenn alle Schülerinnen und Schüler mit den Artikeln einverstanden sind, kann mit der Reinschrift begonnen werden. Hier kommt es auf eine gute Schrift und sauberes Arbeiten an.
Wegen der Rechtschreibung kontrolliert die Lehrerin oder der Lehrer nochmals alle Artikel.

Fertige Texte werden gleich auf ein Blatt geklebt. Dabei muss aufgepasst werden, dass jede Seite ihren richtigen Platz in der Zeitung bekommt. Ist alles in Ordnung, können die Vorlagen zum Drucken gegeben werden.

6. Schritt
- falten
- heften
- abzähle
- austragen

Wenn die Schülerzeitungen aus der Druckerei zurückkommen, wird die Seitenabfolge noch einmal überprüft. Erst dann wird jedes Exemplar in der Mitte gefaltet und geheftet.

Für jede Klasse der Schule wird ein Päckchen gepackt und ausgetragen.
Die Kinder in den anderen Klassen freuen sich immer, wenn es eine neue „SCHNAPP" gibt.

Abschied von der Grundschule

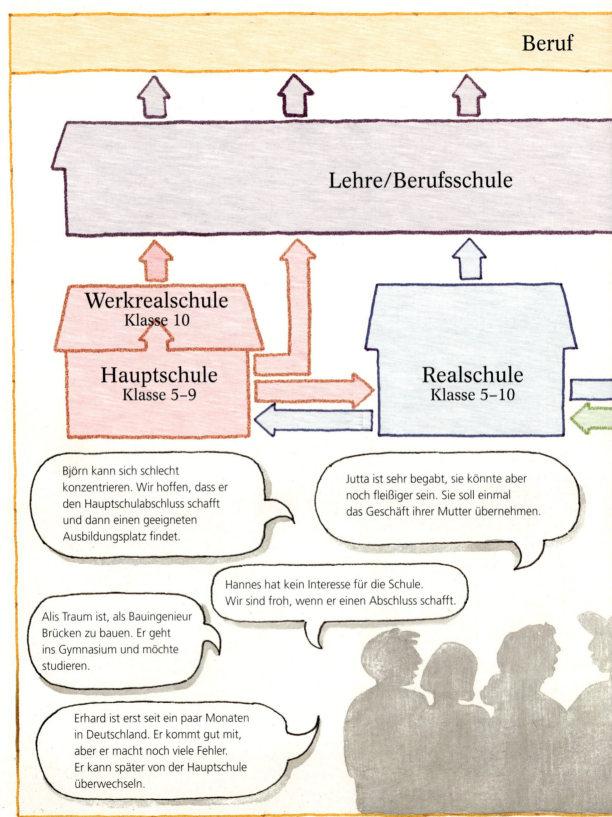

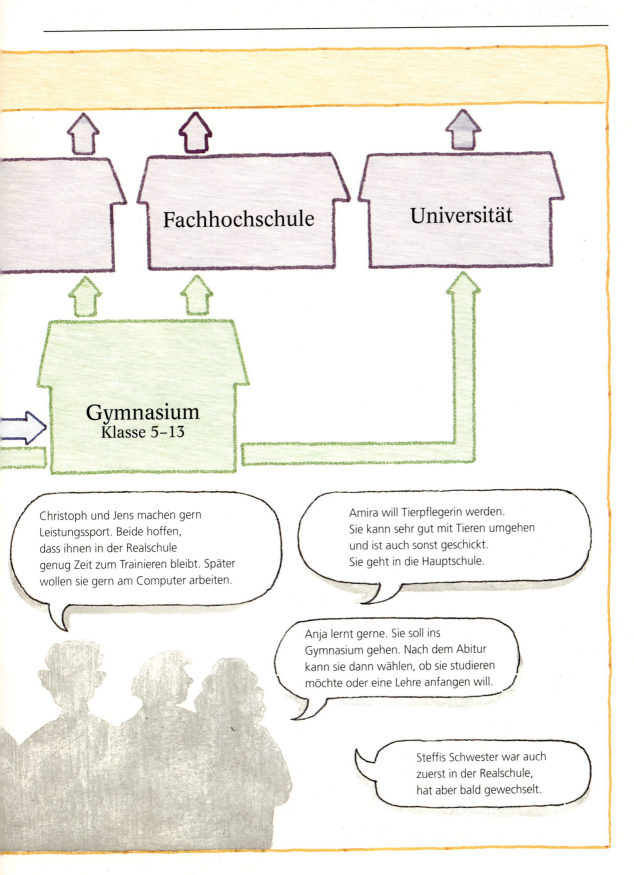

Wir über uns

Die Kinder der Klasse 4a wollen zum Abschied
ihrer Grundschulzeit ein Erinnerungsbuch gestalten.
Die Fotos, die die Lehrerin und die Schüler zusammen
in ein Album geklebt haben,
sind jetzt eine gute Gedächtnisstütze.
Es macht Spaß, sich an die vergangenen vier Jahre
zu erinnern.

Zuerst sollen alle Ideen
gesammelt werden,
dann will die Klasse
die besten auswählen.

Wir haben immer schöne Sachen gebastelt. Ob wir in der Realschule Werken haben?

Am liebsten hätte ich jede Woche einen anderen Lerngang gemacht. Bei der Feuerwehr fand ich es besonders interessant.

Ich finde gut, dass wir so viel über die Natur gelernt haben. Wir haben auch interessante Filme angeschaut.

Kannst du dich noch an unser Buchstabenfest erinnern?

Unsere Lesenacht war super. Heute würde Jasmin sicher nicht mehr weinen, weil die Mama nicht da ist.

Wie klein wir bei unserer Einschulung waren! Heute sind wir „die Großen". Das ist ein gutes Gefühl!

Früher haben die Menschen mit einer Feder geschrieben. Das haben wir auch mal ausprobiert. Es war ziemlich schwierig!

Wisst ihr noch, wie wir gestritten haben, als die Rollen verteilt worden sind? Schade, dass wir nicht zusammenbleiben.

Das war toll, als alle aus unserer Klasse die Fahrradprüfung bestanden haben!

Verkehr und Umwelt

Pflegen und reparieren

Damit dein Rad nicht nur am ersten Tag schön aussieht, musst du es regelmäßig pflegen.
- Reinige dein Fahrrad nach längeren Fahrten.
- Pflege deine Kette und die Klingel regelmäßig mit Öl.
- Stell dein Rad in einem trockenen Raum ab.

Wenn du mit deinem Rad im Dunkeln fährst, muss die Beleuchtung funktionieren.
Prüfe deshalb vor der Fahrt deinen Scheinwerfer und dein Rücklicht.
Daran kann es liegen, dass sie nicht leuchten:
- Der Dynamo berührt beim Fahren nicht den Reifen.
- Das Kabel ist unterbrochen.
- Eine Glühbirne ist beschädigt.

Beleuchtungsanlage

Der richtige Start

Bevor du auf dein Fahrrad steigst, musst du darauf achten, dass Bremsen, Beleuchtung und Klingel richtig funktionieren.
Es ist wichtig, dass du einen Fahrradhelm trägst.
Er kann dich vor Verletzungen schützen, wenn du stürzt.

Vorsicht beim Starten!
So beginnst du deine Fahrt sicher:

1 Fahrrad bis zum Fahrbahnrand schieben.
2 Über die linke Schulter nach hinten umsehen, fließenden Verkehr beachten.
3 Handzeichen geben.
4 Beide Hände an den Lenker nehmen und losfahren.

Auch richtig lenken will gelernt sein.
Achte darauf beim Kurvenfahren:

Rechtskurven werden in engem Bogen gefahren.

Linkskurven werden in weitem Bogen gefahren.

Schilder weisen den Weg

Vorgeschriebene Fahrtrichtung

Der Richtungspfeil schreibt dir vor rechts abzubiegen.

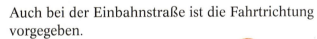

Einbahnstraße

Auch bei der Einbahnstraße ist die Fahrtrichtung vorgegeben.

Verbot für Fahrzeuge

Verbot für Radfahrer

Diese Straße darfst du mit dem Rad nicht befahren.

Wer hat Vorfahrt?

So steht es in der Straßenverkehrsordnung:

> An Kreuzungen und Einmündungen hat die Vorfahrt, wer von rechts kommt.
> Das gilt nicht, wenn die Vorfahrt durch Verkehrszeichen besonders geregelt ist.
> Es gilt auch nicht für Fahrzeuge, die aus einem Feldweg oder einem Waldweg auf die Straße kommen.

Kreuzung

Hier hast du Vorfahrt.   Hier musst du warten.

Das Auto kommt von rechts und hat deshalb Vorfahrt. Der Radfahrer muss warten, bis es die Kreuzung überquert hat oder eingebogen ist.

Abknickende Vorfahrt

An einigen Stellen verläuft die vorfahrtberechtigte Straße nicht geradeaus. Hier musst du besonders aufpassen. Diese Schilder regeln den Verkehr bei abknickender Vorfahrt:

Vorfahrt gewähren!

Vorfahrtstraße

Auch den von links kommenden Fahrzeugen musst du hier Vorfahrt gewähren.

Du hast Vorfahrt, auch wenn du nach links abbiegen willst.

Linksabbiegen

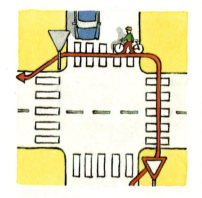

Verkehrsreiche Kreuzungen sind gefährlich.
Radfahrer überqueren sie beim Linksabbiegen
am besten wie ein Fußgänger. Das ist am sichersten.
Dabei schieben sie ihr Rad über den Bürgersteig
und den Fußgängerüberweg.

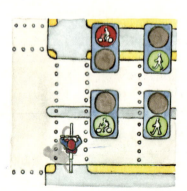

An einigen Radwegen gibt es besondere Ampeln
für Radfahrer. Manchmal gelten für Radfahrer
an Überwegen auch die Lichtzeichen für Fußgänger.

Linksabbiegen auf der linken Fahrspur ist gefährlich.
Selbst sichere Radfahrer sollten es nur machen,
wenn wenig Verkehr ist.

So machst du es richtig:

1 Über die linke Schulter schauen um den
  von hinten kommenden Verkehr zu beobachten.
2 Mit der linken Hand Handzeichen geben.
3 Rechtzeitig richtig einordnen.
4 Die Vorfahrtsregelung klären.
5 Gegenverkehr vorbeifahren lassen.
6 Noch einmal umsehen, ob ein schnelleres
  Fahrzeug überholen will.
7 Abbiegen in weitem Bogen.
8 Fußgänger beachten.

Fahre auf deiner Fahrspur immer rechts.
Die schraffierte Sperrfläche darf nicht befahren werden.

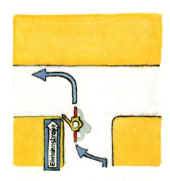

In Einbahnstraßen kannst du
dich beim Linksabbiegen
ganz links einordnen.

Eine Siedlung verändert sich

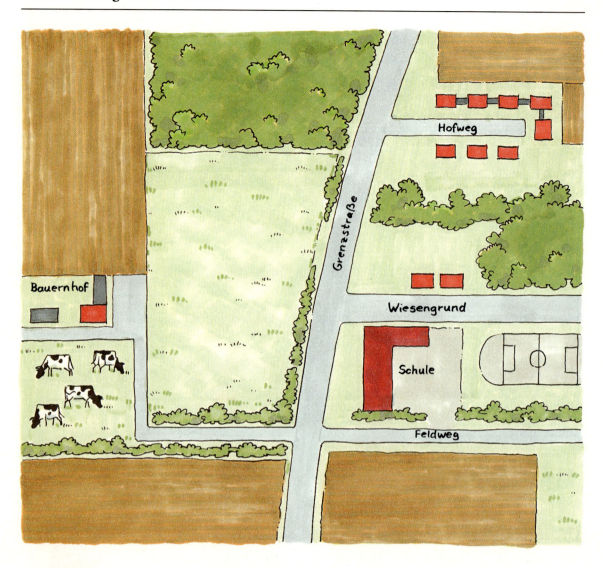

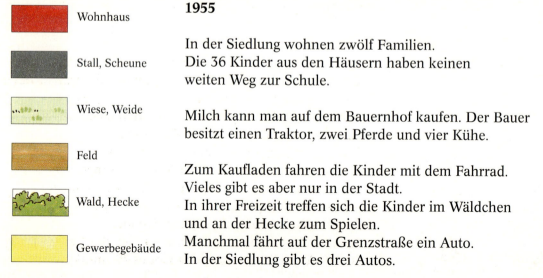

1955

In der Siedlung wohnen zwölf Familien.
Die 36 Kinder aus den Häusern haben keinen weiten Weg zur Schule.

Milch kann man auf dem Bauernhof kaufen. Der Bauer besitzt einen Traktor, zwei Pferde und vier Kühe.

Zum Kaufladen fahren die Kinder mit dem Fahrrad.
Vieles gibt es aber nur in der Stadt.
In ihrer Freizeit treffen sich die Kinder im Wäldchen und an der Hecke zum Spielen.
Manchmal fährt auf der Grenzstraße ein Auto.
In der Siedlung gibt es drei Autos.

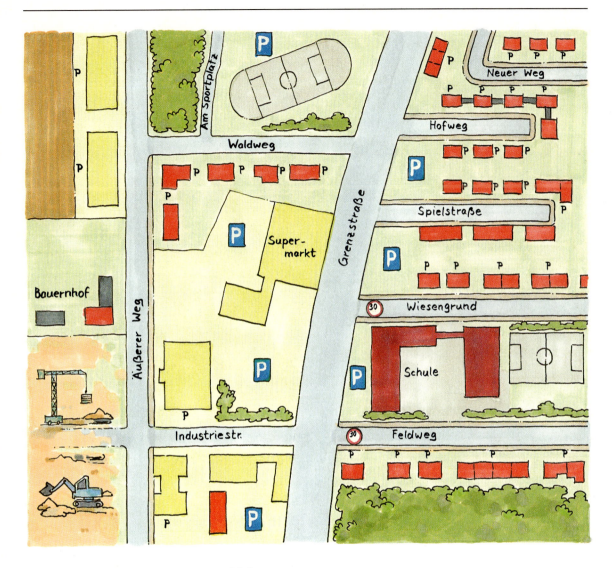

1985

In der Siedlung wohnen 84 Familien.
Von den 168 Kindern besuchen 81 die Grundschule.
Zu den weiterführenden Schulen müssen die Schülerinnen
und Schüler mit dem Bus fahren.
Der Bauer hat jetzt zwei Traktoren und einen kleinen
Lastwagen. Er baut nur noch Gemüse an.
Seit drei Jahren gibt es einen Supermarkt.
Die Eltern in der Siedlung fordern eine Ampel an der
Grenzstraße und einen Spielplatz für ihre Kleinen.
An der Grenzstraße fahren zwischen 6.00 Uhr
und 22.00 Uhr 450 Autos in der Stunde.
Auf der Umgehungsstraße fahren in der gleichen Zeit
10 820 Autos. In der Siedlung gibt es 75 Autos.

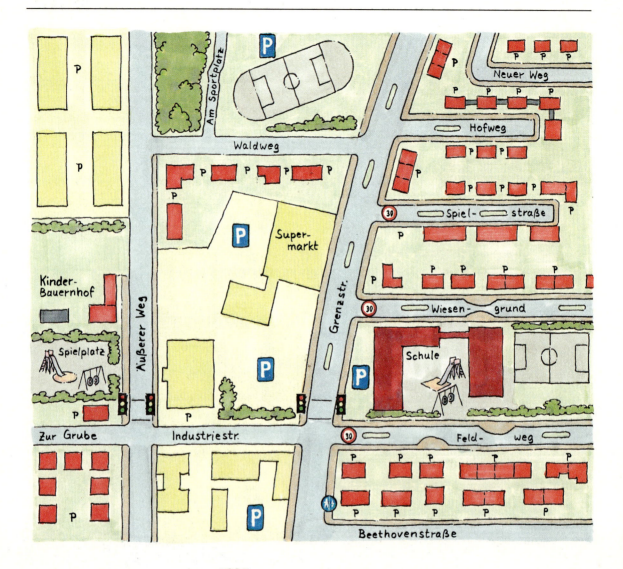

1995

In der Siedlung wohnen jetzt 86 Familien.
Von den 80 Kindern besuchen 35 die Grundschule.
Zusätzlich kommen viele Kinder mit dem Bus zur Schule.
Sie wohnen in den umliegenden Dörfern.
Der Bauer ist zu seiner Tochter in die Stadt gezogen.
Viele Familien fahren am Wochenende zum Großeinkauf in das nächste Einkaufszentrum. Die größeren Kinder treffen sich zum Spielen bei den Häusern, wenn sie nicht zum Turnen oder zum Reiten wegfahren.
Die Grenzstraße hat sich verändert.
Auf der Umgehungsstraße fahren jetzt 1 250 Autos in der Stunde.
In der Siedlung gibt es 145 Autos.

Was kann sich verändern?

In vielen Orten wird versucht dem Verkehr und den Menschen ihre eigenen Plätze und Wege zu geben.
In den Plänen aus den Jahren 1955, 1985 und 1995 könnt ihr verschiedene Maßnahmen entdecken.

Die Geschichte dieser Siedlung ist nicht die Geschichte eurer Umgebung.
Ihr könnt euer Wohnviertel oder euer Dorf selbst untersuchen.
Diese Vorschläge und Fragen helfen euch dabei:

• Sucht Karten aus verschiedenen Jahren, die euch Veränderungen aufzeigen. Vielleicht gibt es ältere Fotos und Zeichnungen?
• Wie hat sich euer Dorf oder euer Viertel verändert?
• Wie viele Familien wohnten früher in eurem Viertel?
• Wie viele Kinder gab es hier?

• Wie hat sich der Verkehr verändert?
Untersucht vor allem die Straßen und Wege.

Inhaltsverzeichnis

Baden-Württemberg hat viele Gesichter Seite 4 – 9	Fotodoppelseite Ein Land mit sieben Regionen Die Verwaltung des Landes	4 6 8
Ballungsraum Stuttgart Seite 10 – 13	Stuttgart nach dem Zweiten Weltkrieg Tierpark Wilhelma Das Theater	11 12 13
Das Unterland Seite 14 – 23	Eine Region erkunden (AKTIV) Arbeitsergebnisse (AKTIV) Freiburg im Breisgau Interessante Menschen (AKTIV) Besondere Bräuche	16 20 21 22 23
Karlsruhe – eine Stadt vom Reißbrett Seite 24 – 31	Kinder im Kunstmuseum Karlsruher Verkehrsverbund – KVV Städtische Rheinhäfen Karlsruhe Frauen in Karlsruhe Die erste Apothekerin	26 28 29 30 31
Die Schwäbische Alb Seite 32 – 41	Natur und Erholung Entstehung der Höhlen Wasserversorgung der Schwäbischen Alb Der Mensch nutzt die Natur	34 36 38 40
Arbeit Seite 42 – 51	Einen Betrieb erkunden (AKTIV) Leben und Arbeit der kleinen Leute Vom Bauern zum Facharbeiter Die Erfindung Von der Erfindung zur Serienproduktion Beruf: Altenpfleger Arbeitsplätze in Mannheim Wege zur Arbeit	43 44 45 46 47 48 50 51
Aus der Geschichte Seite 52 – 65	Menschen verändern die Landschaft Steinzeit Menschen sind Erfinder Häuser der Steinzeit Metall und Gewebe Die Römer in unserem Land Der Limes – eine Grenzbefestigung Legionäre Straßen im Römischen Reich Burgen Frauen auf der Burg Handwerker	53 54 55 56 57 58 59 60 61 62 64 65
Feuer Seite 66 – 71	Feuer machen Wie der Mensch das Feuer nutzt Wie ein Feuer entsteht Wie ein Feuer gelöscht wird	67 68 70 71
Elektrischer Strom Seite 72 – 77	Sicherer Umgang mit elektrischem Strom Wie wird der elektrische Strom erzeugt?	73 74

	Energie sparen	75
	Energien, die sich erneuern	76
	Raps als Energiepflanze	77
Pflanzen Seite 78 – 89	Pflanzen verbreiten sich	AKTIV 79
	Aus einem werden viele	80
	Pflanzen vermehren	82
	Der Kirschbaum im Jahreslauf	84
	Die Streuobstwiese	86
	Zusammen leben – voneinander leben	88
Tiere Seite 90 – 97	Tiere überwintern	92
	Hummeln überwintern	94
	Nisthilfen für Vögel	95
	Vogelzug	96
Mädchen und Jungen **verändern sich** Seite 98 –105	Tina liebt Stefan	99
	Mädchen und Jungen verändern sich	100
	Mag ich das?	102
	Das mag ich nicht	103
	Vorsichtig sein?	104
	Meinungen vertreten	105
Europa und die Welt Seite 106 – 113	Leben in Frankreich	107
	Schule in Frankreich	108
	Teiny kommt aus Georgia	110
	Partnerschaften	111
	Spiele aus aller Welt: Ein Schnurtrick aus Ghana	112
	Kalaha	AKTIV 113
Einkaufen Seite 114 –117	Einkaufsmöglichkeiten	115
	Einkaufen will gelernt sein	116
Gefahren **für die Gesundheit** Seite 118 – 121	Drogen machen abhängig	119
	Alkohol und Nikotin	120
	Bonbons und Tabletten	121
Zeitung Seite 122 – 129	Unterschiedliche Leserinteressen	123
	Wir lesen die Tageszeitung	AKTIV 124
	Eine Schülerzeitung entsteht	126
Abschied **von der Grundschule** Seite 130 – 133	Wir über uns	132
Verkehr und Umwelt Seite 134 – 145	Pflegen und reparieren	135
	Der richtige Start	136
	Schilder weisen den Weg	137
	Wer hat Vorfahrt?	138
	Abknickende Vorfahrt	139
	Linksabbiegen	140
	Eine Siedlung verändert sich	142
	Was kann sich verändern?	AKTIV 145

Illustrationen: S. Weis, Luxemburg; M. Golte-Bechtle, Stuttgart; Dietmar Griese, Hannover; Silke Voigt, Hamm; Monika Zwick, Gelnhausen.

Fotos: Klaus Günter Kohn, Braunschweig

Titelgestaltung: G. J. W. Vieth, Berlin; Eilert Focken

Bildnachweis:

Archiv für Kunst und Geschichte, Berlin S. 22 o, 30 o, 44 o, 65 o - Artothek, Peissenberg, S. 64 (2x) - Audi AG, Neckarsulm S. 15 o - E. Bach Superbild, Grünwald S. 124 Basterrica) - Bavaria Bildagentur, Gauting S. 4 ol (FF), or (Klammet & Abel, auch Rücktitel M), 14 o (Photobank), 21 (2x: Otto, Damm), 34 o (Leib), 35 u (Bahnmüller), 76 o (Merten), ul (Keute), 77 o (PP), 87 o (Binder) - U. Braggs, Felsberg S. 110 (2x) - Deutsche Luftbild W. Seelmann, Hamburg S. 10 o - Deutsches Apothekenmuseum, Heidelberg S. 31 ul (Baur) - dpa, Frankfurt S. 11 o, 125 M (Goebel) - EVO Bus GmbH, Ulm S. 4 ur - O. Favre, Hamburg S. 109 o - J. Feist, Pliezhausen S. 38 o - J. Frank, Laichingen S. 33 M, ur - H. Friedrich, Braunschweig S. 111 u - Gemeinde Sonnenbühl-Erpfingen S. 32 M - Greiner & Meyer, Braunschweig S. 35 ul (Meyer) - J. Hasenmayer, Pforzheim S. 37 ur - Hohenloher Freilandmuseum, Schwäbisch Hall-Wackershofen S. 5 ul - IFA, Düsseldorf Titel ol (AGE), S. 4 ul (EBI), 13 o (Eich), 40 o (TPC), 125 o (TPC) - Karlsruher Verkehrsverbund, S. 28 - J. Krahl, Braunschweig S. 77 u - B. Krawutschke, Ahrensburg S. 81 (2x) - C. Kuntze, Evreux S. 108 M - Lade, Frankfurt S. 12 ul (Krämer), 40 ul (Kiesling), 84, 85 (4x: Kirchner, auch Rücktitel r) - Landesbildstelle Baden, Karlsruhe S. 29 o, 62 o - Limesmuseum Aalen S. 33 o, 58 (2x), 59 o - Löwenapotheke Ehingen, Dr. R. Rombach S. 31 o - Mauritius, Mittenwald S. 5 ol (Gruber, auch Titel ul), 23 (3x: Eye-Press, Schubert - auch Titel oM, Mollenhauer), 71 (2x: Fuhrmann, Kolmikow), 106 o (Hubatka) - Mercedes Benz Classic Archiv, Stuttgart S. 46 o, 47 o - V. Mette, Bielefeld S. 98 ul - T. Natter, Neckarsulm S. 15 u - J. Ott, Munderkingen S. 35 o - E. Rimkus-Beseler, Hinzenhagen S. 98 ur - V. Sauer, Wolfenbüttel S. 21 or - Schwenk Zementwerke KG, Ulm S. 41 - Silvestris, Kastl S. 14 u (Kottal), 15 M (Stadler), 20 u (Muthny), 32 u (Stadler), 97 o (Kalden) - Staatliche Kunsthalle Karlsruhe, Kindermuseum S. 26, 27 - Stadtarchiv Freiburg S. 20 o - Stadtarchiv Karlsruhe S. 24, 25 - Stadtarchiv Markgröningen S. 32 ol - Stadtbibliothek Nürnberg S. 65 u - Stuttgart Marketing GmbH, S. 5 ur - Süddt. Verlag Bilderdienst, München S. 42 ol, ul, 45 r, 46 u - Südwestdt. Salzwerke AG, Heilbronn S. 14 M - Tierpark Wilhelma, Stuttgart S. 12 o (Storck) - M. Tornette, Braunschweig S. 78, 108 o - Unicef, Köln, S. 125 ur - Urgeschichtliches Museum Blaubeuren S. 33 ul - Urwelt-Museum Holzmaden S. 32 M - F. Vinken, Dorsten S. 98 or - Zefa, Düsseldorf, S. 5 or (Haenel), 37 ul (Lange), 42 or (Voigt), 86 o (Reinhard), 96 o (Woelfel), 111 o (Sugar)

S. 39 o: aus: Das große Buch der schwäbischen Alb. K. Theiss Verlag, Stuttgart - Karte S. 50 u. Klapptitel: Westermann Kartographie, Braunschweig

1. Auflage Druck 8 7 6 5
Herstellungsjahr 2003 2002 2001 2000
Alle Drucke dieser Auflage können im Unterricht parallel verwendet werden.

© Westermann Schulbuchverlag GmbH, Braunschweig 1997
www.westermann.de

Verlagslektorat: Katja Krahl, Claudia Dewindenat
Herstellung und Lay-out: Annette Henko
Druck und Bindung: westermann druck GmbH, Braunschweig

ISBN 3-14-11 0254-6